E Você, Foi Cagado Ou Parido?

Descubra Antes de Morrer

Cássio Vilela Prado

DEDICATÓRIA

À minha amiga Preta (Marilene), *calça cagada*.

Do seu amigo, *cálcio cagado*.

SUMÁRIO

AGRADECIMENTOS

Ao nosso Deus, de que forma for, mesmo sem forma nenhuma;

Meus pais;

Irmão Marco e irmã Dalva;

Amado filho Gabriel;

Querida esposa Naninha;

E a todos os amigos que já desapareceram e aos que ainda estão.

INÍCIO

Que *lugar* é esse onde me lançaram?

Lugar cheio de *gente estranha, feia* e *má* que prefere *abraçar* esquisitos *cães, gatos* e *pássaros*?

E *eu*? O que *sou isso*?

Acordaram-me da *imensidão suave das trevas da morte* de onde eu vivia completamente *morto e feliz* para me ejetarem nesse *movimento* enfadonho e caótico que lhe chamam de *vida*.

Até um *nome me deram*. Ensinaram-me palavras e mais palavras que quase nunca se combinam verdadeiramente para eu falar de tudo e de todos da forma como realmente queria.

Habito e sou habitado pelo *universo da linguagem*.

Mas, os conceitos e os significados são tão *estranhos*. Nunca representam verdadeiramente as coisas...

Apartaram-me da *natureza*, nem somente um *cão* ou uma *pulga* posso ser.

Insistem em dizer que sou mais um *humano* entre tantos que não se entendem.

Mundo de *bombas, violência*... Acho até que inventaram o *amor* para disfarçar essa nossa *abominável existência gélida* e *sem sentido*.

Homem, estranho animal, nem animal nem homem. Acidente que a *natureza* criou ao *excretá-lo*. Talvez porque havia muita *natureza*, a natureza inventou o homem exatamente para destruir a sua *abundância natural*.

Coisas sem sentido. Cria-se para se destruir. Entretanto, as *decomposições orgânicas* decorrentes de tantos homens mortos aumentam o *estoque nutricional* do qual a *natureza* precisa para se alimentar.

Homens, engordas alimentícias para alimentação da *natureza*. Do *nada, se criam* e se *decompõem* para *saciar* o *solo natural*.

Assim, somos *rebanhos humanos* criados para *corte* e *consumo* da *insaciável* e *imortal mãe natureza,* que nos fabrica e *nos devora. Natureza, a grande cloaca anal produtiva.*

Entre o nosso *nascimento* e o nosso inevitável *desaparecimento, emprestaram-nos a razão, linguagens* e *conceitos* para entreter-nos com temas *que chamamos de morais, sublimes e escatológicos.*

Foi-nos permitido assim, inventar possibilidades de *apaziguamento,* mesmo que mortais, para recobrir a nossa *trágica existência* que se direciona, fatalmente, para a *decomposição final.*

Em face de um *real absurdo,* é mais do que *natural* e coerente, emprestar-nos de uma parcela da grande e abundante *vontade* própria da *natureza* de se criar e se perpetuar.

Foi nos *dado um tal de desejo* que nos faz *fantasiar, delirar* e *perseguir* prazeres efêmeros forjados, com os quais tendemos a nos consumir num frenético processo de *repetição gozante*, procurando a *descarga completa* de tudo aquilo que *pulsa* em nós.

Grande ironia da vida, essa busca pelo *prazer absoluto*, talvez seja a *grande e sutil estratégia* da *natureza*, haja vista que junto com o *prazer absoluto* sempre está o *desprazer*, a sua face não tão oculta assim, a própria *morte* a nos sugar para o abate final, pois, para a obtenção de um suposto *prazer interminável*, a *vida* parece não ser o limite. A busca do prazer absoluto e constante a todo custo já é uma face escancarada da morte.

A *natureza* nos despertou do sono profundo da *morte* onde estávamos para nos *seduzir* com a chamada *vida* e da qual seremos novamente arrancados para o retorno à morte.

Assim, não há por que temer a morte, a nossa verdadeira *ontologia*. A vida é apenas *epistemologias e éticas*, nada mais.

Portanto, todos nós, *cagados e paridos*. Não importa se *um* ou se *outro* ou se *os dois*.

Todavia, enquanto não se cumpre o *ciclo vital completo*, podemos nos livrar de certos sofrimentos, de *menos deuses morais e capitais*, da *escravidão do trabalho* e de *gozos excessivos*.

Para que tanto *desejo de completude*, aliás, para que tanta *vontade de coisas*?

Baste-se a si mesmo, desnude-se das *vestimentas equivocadas das linguagens forjadas* pelos outros. A linguagem já é um outro.

Invente-se, se *crie*, *construa* o seu próprio *deus dançante* e *zombe* de tudo.

Talvez o *belo* possa lhe surgir como um *nada* só seu.

Resta-lhe tempo ainda. Ou não?

Descubra antes de morrer...

Por fim, faz-se necessário um esclarecimento.

Eu não tenho nenhuma pretensão, mínima que seja, de alterar o curso dos acontecimentos, senão os meus. Muito longe disso...

Já vivi o suficiente para ter aprendido que as pessoas só mudam as suas ideias e as suas práticas se se percebem que é preciso assim fazer, porém, desde que sejam para os seus próprios *interesses umbilicais*, quase sempre regidos pelos seus *narcisismos infantis mórbidos e cegos* à *dimensão do outro*.

Se a Pedagogia servisse para alguma coisa, alguma coisa já seria outra coisa...

Portanto, finalizando, pretende-se tão somente uma pequena provocação, mais nada.

A propósito, não tenho revisor de texto, não tenho dinheiro atualmente o suficiente para contratar um, se vire, mas caso encontre erros gramaticais, não critique apenas, faça contato comigo via telefone ou e-mail, conforme descritos na última página.

CAPÍTULO 1

DISCURSOS E INTERESSES

Não sou fã de livros de autoajuda. Pelo contrário, nunca fui.

Li partes de alguns, gostei de algumas frases e odiei outras. No conjunto do pouco daquilo que li, percebi que apesar da beleza e coerência, às vezes encontradas, os seus efeitos não eram suficientes para apaziguar, de fato, os momentos de *dor*, apesar de algum *alívio instantâneo*. Aquelas frases bonitas que encontramos servem apenas para compartilharmos em algumas falas com os outros e nas redes sociais. Os seus encantamentos *perecem* rapidamente, daí acho que por isso procuramos ler mais frases, comprar mais livros, etc....

Torna-se certa *compulsão*, assim como *comer, beber, devorar* outras drogas, *amar loucamente à la Madame Bovary*... Além de serem um instrumento de vaidade e competição: *"Que frase linda aquela que fulano disse"*. *"Cê já leu o livro novo daquele autor, fulana? Não* (com o ego vaidoso e superior), *então lê! É maravilhoso..."*. *"Se você quiser eu te empresto!"*. (Pensa mais um pouquinho e se retifica): *"Esqueci, sá, eu já emprestei ele para o João"* ...

Por isso também não creio em discursos de *pastores, padres* e *mestres*. Vindos de fora. Não que sejam totalmente insignificantes, ao contrário, podem produzir determinadas reflexões importantes em nós e assim produzir mais pensamentos e comportamentos, senão tornar-se-iam imposições externas apenas, o que não seria bom para a *alma*.

Sobre esses últimos, atenção, muito cuidado, é preciso procurar entender o que eles tentam veicular, o que está por trás das falas, quais são os seus interesses; se somente *ideológicos massificadores capitalistas*, o que tem sido bastante comum.

Aliás, este pequeno livro que agora escrevo é fruto dessas reflexões: Todo discurso carrega a sua verdade. E essa verdade pode estar escondida entre as *palavras bonitas* que lemos e escutamos. Por exemplo, o que está por trás disso que agora escrevo?

Existe algum interesse deste autor? Qual?

É a isso que devemos prestar mais atenção. As palavras não são apenas aquilo que elas significam em *signos fechados*, elas *não são coisas naturais,* pinturas contemplativas em si mesmas. São nelas e entre elas que *as ideologias* se lançam e se sustentam, entendendo *ideologia* como uma *prática discursiva*, carregada de interesses de atores ou de grupos para tentarem impetrar, sustentar e perpetuar aquilo que lhes interessam apenas. Mas o quê? Sempre alguma forma vinculada ao *poder*, ao status, ao dinheiro, ao prestígio, à vaidade, ao narcisismo individual ou grupal.

Para haver poder, dinheiro, prestígio, orgulho, vaidade é necessário haver o outro. Que outro: você! Eu, eles, todos nós, os espelhos planos que ajudam e perpetuam os poderes.

Como assim?

Para existir alguma forma de poder é necessário existir o senhor (*mestre*) e o escravo (*servo, servidor*). Se assim não fosse, não existira o poder. O poder precisa de pessoas que lhe outorgam esse lugar. O seu representante lhe dá *coisas bonitas* e você o aplaude e o serve. E assim, *descaminha* a humanidade...

Talvez a essência desse livro se dê por aí. Nessa direção...

Esta pequena obra é assim, precisa de leitores senão está condenada à *morte*. Portanto, existe por detrás dela *certo desejo de poder*.

Qual?

Necessita de leitores, do outro, de outra pessoa para lê-la, caso contrário, a minha vaidade poderá ser afetada e o meu bolso ficará vazio como sempre ficou, e assim perco o meu poder imaginário e capital. Além, é claro, de veicular as ideias as quais suponho que sejam corretas.

Por isso, tentarei caprichar...

Quem sabe as *Marias* e o *Joãos* vão consumi-lo, se não devorá-lo?

CAPÍTULO 2

CAGADO OU PARIDO?

Não sei dizer ao certo se a raça humana foi *parida* ou *evacuada*. O *orifício* de onde saímos é muito próximo ao outro *orifício*.

Às vezes penso que fomos gerados por um deles, noutras vezes mais, penso que foi pelo outro.

E, se nascemos pela incisão do bisturi no ventre, pouco importa, tudo está muito próximo.

Há momentos nos quais somos verdadeiramente *cagados*, em outros, encapsulamo-nos de *'humanos'*, *seres superiores* e *imortais*, regidos pela mais perfeita *ordem divina*.

Vivemos entre esses dois orifícios, entre impureza e pureza. Entre adjetivos que dirão o nosso substantivo.

Num certo sentido é interessante salientar que nos criamos ao redor do *aparelho digestivo*, que começa na *boca* e termina no *ânus*. Em essência, somos em torno desse *vão* que começa num buraco e termina em outro. As coisas acontecem nesse intervalo e vindas dele. Enfiamos e soltamos as coisas nesse *vácuo transformador*.

Existe também o sentido inverso desse percurso digestivo. Enfiam-se coisas no ânus que saem pela boca...

Não é à toa que existe o verbete: *"Que cagada!"*. Ele fez, eu fiz, nós fizemos. E passamos a vida toda assim antes de morrer. Tentando se redimir das *cagadas* que fazemos, *elevando-nos*, em seguida, à *alquimia mágica* transformadora e redentora com os seus adjetivos moralistas supostamente do bem, e assim seremos salvos da condição de *excrementos*.

Dessa forma, pode-se dizer que somos seres marcados por esse *duplo*, buscando numa certa *fenomenologia espiral ascendente –* *Friedrich Hegel* (1770-1831) – atingir certa *plenitude*, o *ser absoluto*, dialetizável entre *cagadas* e *redenções*, *redenções* e *cagadas*...

Não se pode esquecer, é verdade, que talvez nesse viés, a maioria de nós só fique no *andar de baixo*, aprimorando-nos em atingir a *cagada absoluta*, vida afora, sem necessidade alguma de se redimir, tornando-nos verdadeiros *expers* em ser realmente *abjetos*. Outros nós, talvez a minoria, busca a *redenção transformadora*, pois não se é fácil sair da condição absoluta de *dejeto*, de não ficar apenas na condição natural *escatológica*.

Busca-se, de qualquer forma, ser um *cocô perfeito*. Os primeiros mencionados acima exalando *odores fétidos perfeitos*. Os segundos, através dos mais altos investimentos no *sublime*, na redenção, na santificação (*santo homem*), talvez consigam a *purificação* apaziguadora de suas condições naturais, tornando-se *belas e cheirosas fezes*.

O que não se deve fazer, portanto, antes de morrer, é achar que somos *seres naturais superiores*. E, assim, você *se achar*.

Não se deve ignorar isso...

CAPÍTULO 3

AMOR E ÓDIO: FACES DA MESMA MOEDA

"Porque o amor, só assim se configura, como amor, na medida em que leva em consideração o ódio e a possibilidade de seu fim. Dizem que o que caracteriza o animal humano é sua consciência da morte, e amar implica poder morrer, chegar a um final. Quem detém o infinito é a paixão que nos cega e nos faz sentir imortal; nos cega tanto que sequer enxergamos uma fresta qualquer que revelaria que o que desejo na paixão nada mais é do que a mim

mesmo projetado no outro. Quando a paixão desencanta, quando minha fantasia projetada perde para a realidade, eu vejo e sinto ódio. Na verdade ele é o mesmo de sempre, os meus olhos que mudaram e agora podem enxergar algo além de mim mesmo. O que resta de tudo isso senão o amor? O amor, que não é perfeito, que às vezes anda aos trancos e barrancos, amor que nos faz reciclar tantas vezes nossos sentimentos, repassar a nossa história, e nos encantar com os detalhes que no fim, fazem tudo aquilo valer a pena. E a trilha sonora de todo esse amor é o silêncio possível de um dia... O dia em que a pessoa que amamos não estará mais lá. Dela só restará ausência. Na medida em que posso perder que desejo de maneira amorosa; é na medida em que posso morrer que faço algo da minha vida. A certeza me mantém parado, o animal alimentado adormece, a dúvida me põe a andar, se preferirem por Hegel ele dirá: 'ao contrário do conhecimento que mantém o homem em quietude passiva, o desejo torna-o inquieto e leva-o à ação.'".

Saulo Durso Ferreira – Psicanalista

Hoje em dia está muito fácil definir o que é o *amor*. É a *era da gramática líquida*, inconsistente, sem necessidade de implicação do sujeito nos seus ditos... Palavras *boca prá fora*.

Encontramos a maioria das pessoas com as mais *lindas e elaboradas* definições do que venha a ser o *amor*: nas redes sociais, em milhões de livros de auto-ajuda, nas falas dos mestres e professores, dos poetas, psicólogos, filósofos, profissionais de todas as áreas, bêbados, políticos e todos os tipos de gente. Todo mundo sabe o que é o *amor*. Viva!

Não faltam definições para que seja o *amor*.

Tudo *lorota*!

Por mais que as palavras possam expressar as coisas, elas não são as coisas.

O pensamento racional sobre o *amor* é apenas uma construção de palavras de acordo com o *desejo* de cada um. Vivemos nos projetando nas *frases lindas* que lemos e ouvimos sobre o *amor*, naquilo que nos interessam e que nos tocam em *alguma parte*, embora não saibamos ao certo o que seja.

"Alguma parte" que os psicanalistas dão o nome de *desejo, desejo inconsciente*. É aquilo que foi estruturado a partir da nossa relação com os outros desde a nossa mais tenra infância e que fica guardado, escondido no nosso *discurso amoroso*, mas que exercemos em atos pela vida afora, sem perceber direito: *"Não sei por que eu fiz isso de novo?"*, *"Meu Deus, quando eu vi, eu já tinha feito!"*, *"Eu sei doutor, mas eu não consigo fazer diferente daquilo que penso!"*.

Pois bem, é essa *repetição* desenfreada sem o conhecimento e a concordância do pensamento racional. Bem além do *euzinho*, do *egozinho*, da *moralzinha* de cada um de nós, *a priori* fabricada pelos outros da cultura da qual herdamos e nos instalamos, muitas vezes, *tacitamente*, contrapondo-se à essência do *desejo singular*.

Belas frases sobre o *amor*, mas eu não sei fazer direito nada que elas dizem, daí a *culpa* e o *remorso* constantes, pois *eu não cumpro as normas* da *civilização* por causa do meu *desejo* que eu nem sei qual é. Daí, quando supostamente realizado esse *desejo* avesso à *moralzinha* do *euzinho* e da sociedade, emergem as angústias de todas as formas. A não ser nos gélidos *perversos fervorosos*, sem escrúpulos e sem o devido assentamento das *proibições* às quais eles são especialistas natos para burlar. Para estes, talvez o *amor* não deixe de ser o prazer a todo custo, desde que se utilizem o outro como simples *objeto sem sujeito*, ou seja: *o outro eu uso, abuso e elimino*.

Lembrei-me agora de um cara assim, que *amava loucamente*, melhor dizendo, *amava perversamente o outro*, lá em *São Paulo*. O *ritual* completo se iniciava nas ruas sociais da cidade, onde a *Lei* é mais *vigil*, e terminava num lugar *escondido* da *Lei vigil*, na região do *Ibirapuera*. Na verdade, o *cara* sabia muito bem da existência da *Lei social*, entretanto, e daí o seu *gozo*, mostrava-se *amável* e *sedutor* nas ruas da *polis*, contrariando o seu *desejo mortal*, até o seu *matadouro oficial perverso*, onde ele exercia em ato o seu *desejo proibido*. Assim é a sua forma de *amar*...

Portanto, as definições e as práticas do *amor são muitas*. Nas *ruas da polis*, aos olhos e ouvidos dos outros, faz-se de um *'jeito normativo'*, porém, distante dali impera o *desejo singular* em sua *onipotência vil*.

E não é só no *Ibirapuera*, mas em locais supostamente mais *íntimos e discretos*.

Entretanto, afora a *perversão psicopática* aludida, em série (*serial-killer*), todos nós também somos *serial-killers*, às vezes e às avessas, pois *morremos* um pouquinho a cada *atuação repetitiva* sem algo *diferencial* e incongruente com as normas, porém geradoras de *culpa*.

Amores loucos, perversos e *neuróticos*: o primeiro *desconhece* completamente a *Lei*; o segundo *conhece muito bem* para burlá-la; e o terceiro, se *burlar um pouquinho* de acordo com o seu *desejo inconsciente*, *desagua* em sua *culpa* desmedida.

Não seria o *amor* a *superação* dos conceitos acima? Num vislumbramento de possibilidades de falas e atos *sem o vilipêndio da Lei civilizada*, não obstante, *sem também reprimir e violar o mais íntimo desejo inconsciente*?

Sim, talvez o amor possa se dar no *percurso dialético entre o desejo do sujeito singular versus o desejo do Outro*. Todavia, nessa direção, alguma coisa de ambos desejos devem se perder. É possível certa *reconciliação* entre o *singular* e o *múltiplo*?

Quem sabe o tal do *amor* não esteja exatamente aí, entre a

explosão do desejo singular e a *violência da Lei* do Outro?

E o *ódio*? O que é isso?

Primeiramente, uma *imagem escrita* que evoca imagens diversas em cada sujeito que a lê ou que a ouve. Cada um monta a sua *cena*, volto a dizer, determinada pela sua *própria história singular*.

Odiar também é uma forma de *amar*, no sentido de que ambas as sensações se dão na relação com o outro.

Para existir o *ódio* é necessário existir um outro para que se possa investi-lo desse sentimento, nesse ou naquele objeto com o qual mantenho um vínculo de *amor*...

Nesse rumo, o *ódio* seria o *amor às avessas*, a sensação de completude que um outro me frustrou, ou seja, o *ódio* é a *libido* que invisto no outro através de minhas *fantasias*, e o objeto onde a lanço não responde de acordo com o meu *desejo* de me *realizar* (*satisfazer*) através dele num dado momento qualquer.

Toda vez que alguém diz que *odeia* alguém, na verdade ele está declarando o seu *amor* à essa pessoa da qual se diz *odiar*.

Faz-se necessário um vínculo com o outro para que eu possa sentir alguma coisa por ele, *positiva* ou *negativa*, pois ambas estão no mesmo campo sensível, qual seja, do dito *amor*. Portanto, *odiar* é uma maneira de *amar*.

Ou seja, *eu te odeio porque eu te amo.*

Contudo, o *"eu te amo por que eu te odeio"* também é muito comum. Inclusive, aquele *personagem do Ibirapuera*, aludido acima, possa melhor dizer sobre isso, assim como os seus *fãs clubes*. Cada qual *ama* e *odeia* como *se é*. Pode ser que se *ame* no outro exatamente aquilo que ele reflete se si mesmo.

Dessa forma, o *amor* é uma *ilusão de completude imaginária narcísica*.

Assim sendo, os desdobramentos das *fantasias amorosas*, oriundas do *desejo inconsciente* de cada um e não correspondidas pelo outro *eleito* são revelações importantes que cada um traz *latente* em sua *estrutura de personalidade*.

Verifica-se um enorme *arsenal* de ideias e ações até então *guardadas a sete chaves* pelos sujeitos não correspondidos pelos seus outros *eleitos*, os seus *alvos objetais fantasiosos*.

Repentinamente, *"eu o amo"* se torna *"eu o odeio"*, embora os termos sejam idênticos, pois não consegue se desvincular do outro, mesmo que distantes fisicamente. Tudo se passa na *realidade psíquica* de cada um do *amor*.

Pelo visto, tanto o termo *amor* quanto o termo *ódio* se processam no *registro mental* apenas. Mesmo fora do campo visual e tátil, o objeto do sentimento amoroso se faz presente. Ele não cessa de permanecer dentro de cada um de nós, amantes e odiosos do outro que fora eleito por nós mesmos, apesar de que, muitas vezes, ele não fora comunicado por nós. E, mesmo que o fosse, ele não poderia completar os caprichos do nosso desejo, haja vista ser incompleto também. Nem nós o dele. Definitivamente.

Quem sabe assim, o amor não deixe de ser a capacidade de perceber esse *furo* não *preenchível* tanto no *sujeito desejante* quanto no *seu objeto*? Talvez o *amor* seja isso, perceber-se *incompleto*, *falta-a-ser*, e perceber também a incompletude indelével do outro. Nem por isso seja impossível construir e reconstruir o seu *amar*.

É importante que se diga de uma vez por todas: quem elegeu a pessoa com a qual você se *enamorou*, o *ama* e/ou o *odeia*, foi você mesmo, foi uma escolha sua. Entrar nisso foi uma decisão sua, embora às vezes invente mil desculpas: *"Coisas do destino"*; *"A culpa é dele (a)"*; *"Eu fiz de tudo"*, quando o *tudo* deveria ser *fazer nada*.

Pois é! Você se utiliza de várias formas de *negação*, um tipo de *mecanismo de defesa psicanalítico*, pois assim procedendo, pensa se safar de sua implicação na relação que você também construiu, depositando apenas nos outros ou nas circunstâncias dos *desencontros* dos *encontros*. Desconhece o mais *íntimo* seu: o seu *desejo*, às vezes muito *doido* para a sua *falsa moral superegóica*. Descubra e assuma o seu *desejo louco*, apesar de lhe parecer aversivo, ele é você, o mais verdadeiro de seu ser.

Na verdade, conforme digo, é importante que se perceba isso, *amamos* não exatamente o *João* ou a *Maria*, mas *aquilo* que eles *portam* neles mesmos e que desencadeiam o nosso desejo inconsciente: *"Ele tem um tcham". "Ela me lembra alguém"* ...

Assim, a coisa que me atrai, na verdade, já está dentro de mim. O outro é apenas um desencadeador das minhas fantasias.

Não importa muito se fulano ou ciclano eleito é *humano*, conquanto ele tenha aquilo que supostamente complete as minhas *fantasias inconscientes*, apesar de eu não saber ao certo quais sejam.

Neste caminho, *amar* e *odiar* nada mais são do que as *tramas* do *desejo inconsciente* em fantasias e atos.

O *amor* é assim, o outro só me interessa se ele puder realizar as minhas fantasias imaginárias, sexuais, morais, imorais...

Ledo engano. Talvez o outro possa servir-lhe em alguns momentos de *afã*, mas, dia após dia, percebe-se que o outro também não deixe ser uma grande *merda* quanto você. Ao que parece, ele também foi *cagado* tanto quanto você também o foi.

É salutar que se perceba, de uma vez por todas, que o outro nunca pode completar você, irremediavelmente. Nem você pode completar o outro. Esse outro que *encantou* você também é tão incompleto quanto a si mesmo.

Ele também busca a pessoa *idealizada* para *completá-lo* e você deveria saber que não pode ser o seu *objeto fusional perfeito* na realidade, embora queira ser sempre o *objeto de completude* dos outros, *o objeto que falta a humanidade.*

Porém, a dita realidade é bem outra coisa. No mundo dos ditos humanos, as coisas não funcionam nada bem...

O ódio costuma *sair debaixo do tapete* quando o outro não completa aquilo que supostamente ele fosse completar em mim, de preferência, permanentemente. Qualquer ameaça de frustração da minha vontade, sempre impulsionada pelo meu *desejo inconsciente*, já me coloca em alerta: *Eu quero gozar assim, me faça gozar senão eu não te amo mais, nem que seja de uma forma sofrida.*

Sofrida? Como assim? Pois é, mais uma nuance importante do dito *amor.*

Eu gozo só se tiver algum sofrimento, embora eu não saiba direito *"como assim?".*

Os desdobramentos das rupturas relacionais são múltiplos, aqueles momentos nos quais o outro *claudica*, aquele *tcham* inicial parece se esvair. A realidade desmonta a fantasia.

Daí, diversos sentimentos e ações podem emergir no palco do *amor*: gritos, sussurros, tapas, ciúmes, ingratidão, infidelidade... *O outro não é a mamãe!* O outro é *uma bosta! "Por que eu acreditei e confiei nele!". "Ai que ódio!".*

Sim, que lindo! *Amor* e *ódio, coisitas* inseparáveis. O *ódio* estava apenas recalcado, assim como o *amor* esteve até a chegada do *príncipe* ou da *princesa*. Obviamente, assim eleitos por você.

Mas, nos desencontros, cada qual a seu jeito, há momentos em que se pede o *impeachment* do *candidato* que foi eleito pelo *voto inconsciente do seu desejo*. E aí não faltam adeptos do *impeachment:* a amiga, o amigo, a mãe, o pai, o vizinho, o colega de trabalho... *"Bem que fulano falou que ele não presta"*. *"Me disseram que ela não é boa bisca"*.

E assim, o tribunal do *amor* e do *ódio* se instaura. Às vezes o eleito se sustenta por um bom tempo ou mesmo para sempre, porém já manchado e acusado pela sua *incompletude,* pois ele não *completa fulano,* mesmo assim, deito-me com ele. Mas ele, o outro que supostamente me *completava,* é um *cocô* e a *culpa* é dele ou dela.

É comum escutar dos *eleitores do amor* assim como dos *candidatos (as) eleitos (as),* quando indagados acerca de suas relações de *amor metamorfoseados em ódio* para com os seus eleitos, as seguintes respostas para os *desencontros:* *"Não sei direito porque ainda estou com ele (ou ela), não está em mim!"*.

Dois equívocos consecutivos: o primeiro, ao eleger o *candidato* apenas de forma *idealizada*; o segundo, tentar mantê-lo no *cargo* apesar de sua *incompetência* demonstrada na realidade das *fantasias de completude* do *eleitor*.

Entretanto, urge o bom senso, que na lógica do palco do *amor*, onde o *ódio* é sempre um personagem *à espreita*, ele poderá vir a protagonizar todo o *enredo*.

Não faltarão falcatruas no *processo eleitoral* e *pós-eleitoral* do *candidato* do *amor*, aquele que, supostamente, completaria as *fantasias eleitorais* de seu *eleitor*.

A realidade que o diga... *"Me arrependi de ter votado nele"*; *"Agora o meu candidato é fulano"* ...

Contudo, são nas *brechas* incompletas e silenciosas deixadas pelas amarguras dos *encontros amorosos* é que talvez se possa construir uma relação menos *fétida*. Da mesma forma que o *amor* tornou-se *ódio*, quem sabe não se possa fazer o reverso, subverter o *ódio* no seu inverso: o *amor*. *Amor e ódio, elementos indeléveis do desejo.*

Mas, para isso, talvez um pouco menos de *idealizações*, de achar que o outro é o *meu tudo* e vice-versa. Senão continuar-se-á apenas *fezes*.

Que tal *adubos?*

Não custa tentar, *não morra antes* de perceber e tentar descobrir mais um pouco do seu *desejo*, aquele mesmo que está *inconsciente* nos seus atos. O seu candidato é tão incompleto quanto você mesmo...

Você não precisa ser um *super-homem* ou uma *super-mulher*. Não queira ser um *deusinho* ou *deusinha*. Isso é muito cansativo e frustrante.

A priori, quem sabe não lhe caiba bem ser apenas *fezes*, no sentido de corte, ruptura, afastamento do outro?

Afinal, as *fezes* também podem *amar* e *odiar*, porém sem serem demasiadamente *fezes*!

Ao contrário do que se pensa, *fezes* aqui assume a dimensão de *unicidade, singularidade desvinculada afetivamente do outro. Desgarrada*, em seu processo de transformação em *adubo gerador*, portanto, disposto a *parir* a *si mesmo* e a formas mais suportáveis de existência.

Por fim, quanto ao: *"Eu gozo só se tiver algum sofrimento"*, embora eu não saiba direito *"como assim?"*:

Há algo de insano tanto no *amor quanto* no *ódio*, além da *paixão* na qual se perdem totalmente os limites das fantasias inconscientes do *desejo* de completude.

Mesmo às custas do sofrimento repetitivo, muitas vezes os atores envolvidos não vislumbram outras possibilidades de arranjos e rearranjos, atolando-se cada vez mais no cenário imaginário e real da derrisão. A baixaria pode ser total e violenta.

Seria a essa *paixão* um jeito de agir nas trevas, com estranha esperança de que uma luz *do além* possa restituir a *falida nostalgia* das vivências infantis de outrora? *Repetições mortíferas...*

Noutros casos, a duras penas, a relação de *amor* e *ódio* se esgota por completo, deixando a angústia, a culpa e a dor. É, pois, a hora de fazer o doloroso mais necessário *luto*.

Alguns conseguem suportar a *morte do outro*, pois isso implica a *dura morte de si mesmo*.

Até que, de repente, surge um outro *encantado...*

E agora? Tudo outra vez?

Não é possível nenhum aprendizado com a *morte* anterior?

Agora vai ser diferente a *repetição*?

Ou quem sabe, conforme o ditado popular, *"troca-se o mosquito ou a mosca, mas a bosta continua a mesma"*?

CAPÍTULO 4

VIVENDO EM SOCIEDADE

É na sociedade onde vivemos que se configuram e se atualizam as relações vividas na infância. Os outros da escola, do trabalho, etc., serão escolhidos por nós para atuarem como personagens de nossa *ficção* chamada *existência*, regida pelos nossos *desejos mais secretos*. Encontros de desejos...

De graça, sem que saibamos ao certo, *nos damos* melhor com uns em detrimento de outros.

A *eleição* subjetiva dos mestres, heróis, vilões, amores e desamores se efetiva pelo *voto de seu desejo* e pela *aquiescência do desejo do outro*. Como num passe de mágica, reatualizamos o jogo infantil no agora. Outros atores sociais são chamados a reencenarem a nossa cena primária.

A sociedade é um *grande teatro real*. Exercemos determinados papéis de acordo com o nosso talento e com os atributos que trazemos em nós mesmos, sempre na expectativa de contracenarmos de forma perfeita, consoante também ao desejo do outro.

Ao amanhecer, na grande maioria das vezes, vem a nossa mente quem?

Sempre *um outro*, nem que sejam as dívidas bancárias, a conta de luz, aquela pessoa na festa de ontem que me viu dar *um vexame* depois de alguns copos de etílicos a mais...

Mas, é hora de se arrumar, se preparar no *camarim fechado* da toalete de casa. Urino, defeco, me limpo, escovo os dentes, me reviro no espelho que não quer me ajudar. Ponho uma roupa, tiro... Cada um se enfeita como pode. No entanto, para que e para quem me travisto?

Por que *tamponar* o eu animal fedorento?

Simples, não?

Imaginariamente, para o outro me *amar*, devo me *produzir* conforme, e *supostamente*, em consonância com aquilo que o outro deseja. Talvez assim, *imagino*, eu tenha chance de ser *feliz* por *completo*. Se assim o fizer, o outro vai me *amar*.

Sem saber ao certo, agindo assim, sou apenas um objeto de *completude imaginária* do outro. Personifico-me para lhe servir e também servir ao *outro cultural*, aquele que me ditou as *regras sociais* desde a mais remota infância, nas figuras representadas pela mamãe, papai, irmãos e demais genéricos. Caso contrário, sem regras culturais introjetadas, sair-se-iam nus, como animais que somos.

Saio pela rua afora sem a menor ideia de *quem sou eu mesmo*, pois assim *se deve vestir, fazer, amar* e *ser amado*.

Nem questiono se posso sair nu pela rua, as vestes já são *automáticas*, assim como o limpar, o pintar, o pentear, aquela olhadinha *derradeira* no espelho... *"Assim, acho que fiquei bem, vou arrasar"*. Será?

Importante dizer, entretanto, que você age de forma *inconsciente* na maioria das vezes, aliás, o *inconsciente* está sempre presente em suas ações sem que você se atente melhor para isso.

Nem se questiona: *Será que eu preciso fazer assim mesmo? Tenho que agradar tanto aos outros personagens desse palco da vida? Será que eles vão me amar da mesma forma que a mamãe ou o papai me amou ou deixou de me amar como eu desejava?*

Diante de todos esses engodos, encontros e desencontros verificados no cenário social, emergiu a *genialidade objetiva* de um *Sigmund Freud* (1856-1939), médico e fundador da *Psicanálise*, ao colocar o seu *dedo observador* e assim abrir uma nova *ferida* no *narcisismo* do dito *Homem*.

Parafraseando *Freud*: '*Você (o seu eu consciente) não é o dono absoluto de sua própria morada, a forças do inconsciente é que determinam você*', ou seja, *aquilo* que você realmente *deseja* já se instalou há muito tempo em si mesmo, sempre atual. As suas ações, amores, ilusões e desilusões não dependem da sua *consciência* apenas. E isso fica muito claro quando você diz assim: *"Não sei porquê eu fiz, não tá em mim!"* ou *"Não consigo agir diferente, por quê?"* ou ainda *"Isso só pode ser coisa do destino"*.

É como se você dissesse: *"Eu sou um(a) ignorante em relação ao meu desejo inconsciente que está agindo além do meu "euzinho". "Existe alguma coisa maior do que eu e que me faz agir assim"*.

Que *força* é essa?

Você mesmo! O seu *outro interior recalcado e/ou desconhecido*, porém *imprimindo* a sua *força*. É o seu *inconsciente*, com o advento da *Psicanálise*. Ou quem sabe, como diria o grande filósofo, *Arthur Schopenhauer* (1788-1860): a *vontade*.

Não pense você que o *inconsciente* é um *lugar* ou um *modo místico* e *totalmente ilógico*. Ao contrário, ele é bem *lógico e real*, pois ele está presente o tempo todo em você, *pulsando*... Conforme o não menos genial psicanalista francês, *Jacques Lacan* (1901-1981), *"ele não cessa de não se escrever, o real."*.

Diferente do que você possa pensar com o seu *eguinho inflamado*, não adianta tentar ignorá-lo, controlá-lo, *fingir de besta*, ele pode lhe fazer *estragos*, pois ele é bem vivo dentro de você, para sempre. E é importante que você saiba disso *antes de morrer*. Se você não quer saber dele, que é você também, ele quer saber de você, ou melhor, ele determina você, bem mais do que você queira ou suponha.

Entenda, ele não é seu *inimigo*. A menos que você tente evitá-lo. Ele nunca vai embora antes de você *morrer*.

Se se tenta *expulsá-lo* de si mesmo, aqueles *desejos estranhos e proibidos* para *a sua consciência vigil*, ele *imprimirá* mais a sua *força*, haja vista que ele poderá ficar *represado*, embora, e importante que se diga, se manifestará de outras formas, em forma de *sintomas, inibições*...

Daí, as mais diversas manifestações das quais você sente mas desconhece as suas causas: *palpitação, taquicardia, ansiedade, angústia, fobia, pânico, obsessão, conversão, dissociação, depressão*...

Aí, você que está sempre centrado no seu *euzinho* e no *papinho* da maioria dos outros, principalmente nessa sociedade *capitalista selvagem* que oferece os mais diversos produtos para você ser *instantaneamente feliz*, nem percebe o seu *calvário inócuo*, em busca de soluções *rápidas* e *mágicas*: *"Vou tomar Rivotril, ele é ótimo, minha amiga falou que ele é uma benção, é como tirar o problema com as mãos".* *"Fulana (o) falou que Fluoxetina também é abençoada, depois que ela começou a tomar, ela ficou tranquilinha! E nem te conto, ficou com um corpinho de dar inveja, porque ele tira a fome também".* *"Será que eu posso beber tomando o remédio? kkk"* ...

E assim, você vai caminhando pela vida afora, *cagado(a)* e/ou *cagando(a)*. Usando e disseminando as drogas lícitas por aí. Mais essa agora, além de ingerir doses cada vez maiores de etílicos e/ou usar tabaco e/ou cheirar "pó" e/ou se utilizar das mais variadas químicas mágicas...

E, talvez, num momento raro de lucidez e bom senso você diga: *"Esses remédios ajudam, mas não resolvem, as coisas não mudam".* Mas, ao invés de se mergulhar mais em seu interior, você diz: *"Esse remédio não está fazendo efeito nenhum, tá que nem beber água. Vou pedir o Dr. Fulano para aumentar a dose ou trocar por aquele outro".*

Assim, *as suas relações* subjetivas consigo mesmo e com os outros permanecem as mesmas, no entanto, você está mais *sedado* e *pateta*, objeto de consumo da indústria farmacêutica.

Claro, ela agradece. Sendo, por conseguinte, interessada apenas em lhe causar alguma *toxidade amenizadora*, como as demais drogas, porém, sem se interessar efetivamente pela sua *cura*, do contrário, perde o seu *dinheirinho*.

Vivemos atualmente numa *sociedade líquida* (embora sem tanta água), conforme o respeitável sociólogo polonês, *Zygmunt Bauman* (1925). É cada vez mais visível a *liquidez subjetiva* das pessoas e das relações humanas. Os referenciais sólidos de outrora se *derretem* mais a cada dia.

Já não se tem mais a *força simbólica* que a *figura paterna representava*, agora substituída pelo advento da família contemporânea, composta pelas suas múltiplas configurações sexuais-afetivas...

De acordo com o brilhante psicanalista, *José Marcus De Castro Mattos*, em um dos seus belos textos (Blog de sua autoria - http://www.retornalacan.blogspot.com.br/), *a cópula entre o tecno-cientificismo e o capital* insiste ferozmente em se manter no *centro do poder* das subjetividades e das coisas, *imprimindo* de forma selvagem a sua tonalidade amarga, déspota e cruel. Promovendo a soberba e a alienação nas suas formas de *subjetivações das massas*, tentando eliminar as *diferenças*, num processo de *homogeneização* das *cabeças aos pés*.

Utilizam-se, penso eu, de c*ertas mentes inteligentes,* atores mestres desvirtuados, disseminando a todo custo *padronizações*, via *massificação das subjetividades, sociedades e culturas*, através de uma *naturalização* do *modus operandi capitalístico*, forjando a *imaginarização* do *real*, através da *dessimbolização* do *Campo Discursivo*.

Assim, o *registro do simbólico*, a capacidade singular de nomeação do *impossível* é abolida em detrimento do *imaginário*. A vida passa a ser fruto apenas do *imaginário líquido*, sobretudo, impregnante e impregnado, *distribuído* e *naturalizado*, contrapondo-se às possibilidades de ações do *sujeito singular* de se desvincular da *naturalização imaginária* imposta, tendo em vista a subsequente fragilização do registro do *simbólico*.

Se você seguir o suposto funcionamento *natural* com a benção êmica do *Deus Dinheiro* (também *imaginário e naturalizado*), tudo é permitido, inclusive *ser feliz aqui* e *eternamente*. Não há limites, nem faltas, muito menos a *alteridade*, *o real (impossível) torna-se possível...*

Tudo é *lindo*, *líquido* e certo, conquanto que você não saia desse modo de vida imposto com o qual você o perpetua vida afora, sem nenhuma reflexão crítica. O *simbólico* se evanesce, o *imaginário* se envelhece e *"o real não se cessa de não se escrever"* - Lacan -, driblando a sua patética *ilusão* anacrônica de felicidade.

Seres *paridos, reflexivos* talvez possam perceber isso...

Agora, *cagados, produzidos* pela *indústria capitalista,*

dificilmente. Seria necessário um esforço *hercúleo* para se tornar *adubo*.

Não obstante, por que não acreditar e descobrir antes de morrer?

Você pode fazer a *diferença*! Menos *imaginário* e mais *simbólico* ante o *real* da *morte*.

Conforme nos diz a *lucidez freudiana*: *"Definitivamente, a felicidade não pertence ao reino humano"*. O que não quer dizer que seja necessário ser *infeliz*.

Você pode *parir vida, a si mesmo*!

Arroz com feijão e um *torresminho* de vez em quando não faz mal a ninguém, o que não quer dizer que se deva *empanturrar* só disso! Você também pode *fazer e comer um pouco de flores, poesia, arte, filosofia...* Ou seja, você pode tentar *quebrar* a monotonia de seu cotidiano, no qual está imerso, antes de chegar ao *derradeiro matadouro*. No entanto, qual é seu *desejo*?

Entrementes, dentro dessa nossa *sociedade homogeneizada*, existe também *uma coisa* extremamente complexa: o *trabalho* e o seu correlato *calvário*.

Retomando aquele *ritual fedido* pela manhã, pulverizado pelos produtos industrializados de limpeza e de beleza, lá vai você, parte de um rebanho *nonsense*, rumo a mais uma batalha diária.

Antes de sair de seu *camarim*, também *decorado* pelo *imaginário* *capital*ístico, você escuta da sua mulher que a conta do aluguel e do cartão de crédito já venceram, que o arroz e a carne já estão no fim e que hoje é apenas a metade do mês...

No portão de sua casa, o seu filho lhe pede dinheiro para a merenda e para a gincana da escola. Você mete a mão na carteira e constata que só tem o dinheiro necessário para o seu transporte coletivo até o seu trabalho.

Na fila de espera do lotação, você perde a primeira que não lhe coube. Mais esperto na próxima, você corre para perto da porta, e, aos solavancos, consegue entrar e ir *esprimido*, quase no ar, por uma hora, até no local de sua *prisão* diária.

Caso você vá no seu carro novo, financiado em *n* vezes e o qual não era exatamente do seu gosto, você verifica que o sinalizador de combustível está no vermelho. Dirige rapidamente, torcendo para concluir o percurso até o próximo posto para abastecer. E agora, o seu cartão de crédito não aprovou a sua aquisição? E *"o arroz e a carne já estão no fim"* e o seu filho não tem dinheiro para *a merenda nem para participar da gincana...*

Você recorre ao *cheque sem fundos, cruzado*, depois de uma negociação com o frentista do posto que chamou o gerente.

Em ambos os casos, você chega atrasado no trabalho. Pela *vigésima terceira vez*, o seu chefe, *pau mandado* do *supervisor* dele, pede para você se encaminhar ao Departamento Pessoal para fazer o acerto: você foi demitido! Descartado. Cagado. Apenas lhe disseram, para consolo, que *"estamos fazendo redução de despesas, as vendas e a arrecadação caíram muito"*.

Decepcionado e *culposo*, depois de alguns dias ou meses, você consegue outro *subemprego, talvez* público, por intermédio da prima do cunhado de sua esposa que está brava e de *saco cheio* de você.

E assim, a história se repete ...

O seu desejo não importa. Semearam em sua *cabecinha* que o mais importante é trabalhar, servir, pois assim *Deus abençoa*.

Interessante observar que além da *cópula do capital com o tecno-cientificismo*, este casal copulado tem um *terceiro elemento* que sempre atuou nas mais diversas formas de *dominação e produção de subjetividades*: a *religião*, para dar o *golpe de misericórdia*.

Na verdade, talvez a supremacia do *agente do discurso* imperativo nos dias de hoje seja mesmo o *capital*, configurado através do *menagé a trois*: *capital, tecno-cientificismo* e *religião*.

Nas palavras do *DJ*: *"Tá tudo dominado"*.

E Você, Foi Cagado ou Parido? – Descubra Antes De Morrer.

Não obstante, ainda sobre a rotina do trabalho, é importante observar que as suas relações com os outros são *atualizações* de vivências pré-estabelecidas familiares, conforme dito, desde a mais *tenra infância.*

Aquele *chefe*, muitas vezes chato mesmo, passa a ocupar um lugar nas suas *tramas inconscientes*. A ele ou a ela, é atribuído uma *função infantil, ressonância* da sua primeira infância, assim como você também passa a representar alguém para ele ou ela, de acordo com as vivências infantis dele (a).

Na verdade, no *estabelecimento institucional* do trabalho, as trocas materiais e simbólicas são regidas pelos seus imaginários que passam a compor *o imaginário institucional,* conforme tão bem nos falam os *institucionalistas,* advindos das mais diversas correntes teóricas como a *Psicanálise,* o *Marxismo,* a *Esquizoanálise,* a *Antropologia...* Muitos deles, como *Lourau* e *Lapassade,* associam *Freud* com *Marx,* etc.....

Além dos *fantasmas infantis atualizados* permanentemente no ambiente do trabalho, pode-se verificar também a *atualização cultural* das *forças produtivas* em ação, gerando tensões e conflitos os mais diversos, entre os *detentores do capital* e as suas formas discursivas *naturalizadas* e a *mão de obra produtiva.*

Instalam-se agentes em certas *funções menores,* de forma *vertical de poder,* para a *manutenção, dominação* e *perpetuação* do *sistema institucional,* obstruindo a *capacidade simbólica* dos trabalhadores na base: *"Manda quem pode, obedece quem tem juízo",* um dos *jargões* já padronizado.

E, assim, como se estruturou a sua *vivência infantil*, você responderá aos impasses e tensões no *estabelecimento institucional* do trabalho.

Há vertentes mais atuais do *pensamento humano*, por exemplo, a *Esquizoanálise*, que associa na formação e constituição do *sujeito* os modos de *subjetivação capitalísticos operantes* na sociedade, além da *tríade criança/mamãe/papai* – teatro edipiano do dramaturgo *Sófocles* (497 ou 496 a.C.- inverno de 406 ou 405 a.C), utilizado por *Sigmund Freud* (1856-1945) na sua *Psicanálise*.

Um exemplo muito claro disso você pode verificar em seu próprio ambiente de trabalho, claro, se você não está completamente no lugar de *cagado* pelos sistemas familiar e capitalista selvagem: Se você é um servidor público da instituição Educação ou da Saúde, por exemplo, você terá também um servidor público hierarquicamente *superior* com o qual você se *implica*.

Esse pequeno servidor público *superior* a você, muitas vezes uma perfeita *defecção* dos anseios do *superio*r dele (talvez o *Secretário* ou *Secretária*) que por sua vez também é uma *boa cagada* que responde ao seu *Prefeito cagado* por outros mais, e assim sucessivamente... Até chegar no *agente mor* dos *Campos Discursivos*: qual seja, *a cópula entre o capital e o tecno-científico* que, importante que se diga, está *cagando e andando* para você e as suas *vivências infantis*, se interessando apenas para o que você possa *parir* de lucro para ele, mesmo que você seja um *cagado* *fétido*, por sinal, os preferidos dos *chefinhos* e dos *patrões*.

Se se pensa um pouquinho, é você quem ajuda a manter esse *sistema perverso* de distribuições e méritos, haja vista que você repete, dia após dia, noite após noite, a sua *cumplicidade silenciosa* naquilo do qual você se queixa, sem que saiba exatamente o que é.

Ultimamente, no Brasil, tornou-se comum a gente ouvir jargões lançados ao vento contra um político ou outro. *Impeachment* dele (a). *"Ele rouba"*. *"A culpa é dela"*. *"Fulano é corrupto"* ...

Você não! Só o outro! Você foi a mais *perfeita parida* já lançada para fora das entranhas, não é, *cagadinho*? Você não tem absolutamente nada a ver com a *engrenagem social* da qual você é *peça funcional mecânica descartável e substituível*.

No seu *estabelecimento de trabalho*, a coisa ocorre do mesmo jeito.

Junto com aqueles colegas cujas *afinidades* em comum se *identificam*, sem saberem ao certo exatamente qual sejam, vocês *tramam, assediam* e *sabotam*, às vezes, o seu próprio *chefinho* e o seu *grupinho de chegados*, noutras vezes *atiram* contra os mais *fracos*.

Da mesma forma se dá o contrário, sofrem *assédio, calúnias, depreciações* daqueles com os quais, por motivos alheios à sua racionalidade, não se integram e *não se identificam*.

Em todo *estabelecimento do trabalho*, pode-se verificar, sem muito esforço, a presença de *um líder* que encarna os *ideais* da empresa, impostos sempre por um *outro* (*pessoa* ou *ideia*). Dependendo de quão *fezes* é o *líder*, naquilo que ele também traz em sua *estrutura de personalidade*, o *jogo sujo trabalhista* se estabelece. Uns mais *carrascos* (assim como o papai ou a mamãe fora com ele na infância). Alguns tantos, ocupam esse lugar de *liderança*, sempre à *espreita inconsciente*. *Almejam* a *atenção para* si mesmos, vivem da *visibilidade fálica* através da instauração de seus *troninhos*, muitas das vezes *forjados* junto com os *comparsas iguais*, sempre aliciando os *vulneráveis* e oportunistas...

Esses *líderes*, muito comuns, representam o que há de mais *arcaico no estabelecimento do trabalho*: o *narcisismo infantil*. Não conseguem se enquadrar nos grupos e na sociedade, qualquer que seja, senão procurando sempre os seus *troninhos de fazer cocô* para *evacuarem* nos outros que se negam a serem apenas os seus *reflexos especulares*.

Muitos deles (as) não conseguem sequer se distanciar desse lugar *imaginário encantado* onde *gozam*, pois a eles não foi dada suficientemente a leitura da *alteridade*, da *empatia* enquanto possibilidade de se colocar no lugar do outro. O *diferente* não pertence à *galeria de espelhos* na qual estão *retidos*. *Defecam*, ininterruptamente, os seus *atos* e *dircursinhos sub-reptícios*. Agarram-se ao *osso patológico* de seus *ofícios imaginários* outorgados por *terceiros*, pois apenas assim sabem *gozar*.

É só você observar com mais atenção, os seus *conteúdos latentes* já são *manifestos*, apesar de que vivem do forjamento de certos *significantes artificiais* que tentam sustentar os seus *lugarezinhos mágicos* no *estabelecimento do trabalho*, tipo: *"Ela é boa de serviço"*; *"Ele sabe muito"* ...

"Boa" (só se for de *rabo, o que muitas vezes não é*) e *"sabe muito" porra nenhuma (*só se for si *cagar* e a *cagar* nos outros), apenas *colagens débeis e estéreis*. Tudo isso, é claro, com a aquiescência e conivência *oportunistas* de outros mais *cagados* pelo *sistema* e pela *vida*, que nada fazem além de perpetuar os *modus operandi anacrônicos* e *perversos*, sublevando-se como a mais pura verdade e a essência primeira e última de todas as coisas.

Outro personagem de destaque na *dinâmica grupal* do trabalho é o dito *bode expiatório*, lugar que alguém *deve ocupar* para a *harmonia* grupal. Nele é depositado os *aspectos negativos da organização do trabalho*. Sem se dar conta, alguém assume esse personagem de forma mais *talentosa*: *"Ele é muito ruim de serviço"*; *"Ela é doida"*; *"Ele é paranoico"*.

Dessa forma, fica fácil para explicar as eventuais ou permanentes *agruras* do *grupo*, pois *"o problema é o fulano de tal"* ...

Todo *grupo* também tem o seu *delator*, figura importante, mas de risco, pois ele denúncia o *mal-estar grupal*. É visto como chato e impertinente.

Ademais, todos esses personagens que encenam o *teatro do trabalho*, mal sabem o motivo pelo qual agem como agem. É comum também as *trocas de papéis*, embora cada um mantenha a sua forma *estrutural cagada* de ser.

Não se esqueça que você sempre é parte importante nesse *lamaçal fedido* do qual se queixa.

E é *na queixa* contra *este* ou *aquele institucional* que se pode entender melhor esses *sintomas grupais* que muito assistimos por aí. É só *escutar* e *observar* com mais atenção... Pois, no campo discursivo, o *sintoma nada mais é do que aquilo do qual o sujeito se queixa.*

A sua *queixa* é sempre de um *outro*, perceba, assim você não se *implica* na sua própria *queixa*. Na maioria das vezes, você se utiliza de *mecanismos de defesa* inconscientes do tipo *negação* e *projeção: O problema é fulano, eu não.*

Quando a *queixa* se enuncia, via palavra, e não é *escutada*, o *mal-estar* é permanente, ela *vaza* e se transforma por outras vias: *atos agressivos, dores corporais, ansiedade súbita, anestesias diversas, insônia, alcoolismo, drogadição, "virose"* ... *"Eu tenho fibromialgia, o doutor falou"*; *"Me dá um remedinho, doutor!"* ... *Toma! Cagados e perdidos...*

Resta-lhe, antes de procurar o *doutor das doenças*, a habitualidade recorrente ao *álcool e outras drogas: "É para esquecer."*

(Esquecer o quê?); *"Não tem perigo de viciar"*. ...

Quando você se dá conta, se de fato se der conta, já está no *fundo do poço*. Você tornou-se aquilo que sempre foi, *cagado*. Agora lá no *esgoto*.

Ficou livre de seu *chefinho*, daquela colega de trabalho que não suporta. Pelo menos isso.

Sem problemas, se você estiver disposto a se *parir* e a deixar de ser apenas *cagado*.

Talvez agora você evoque, mais do que nunca, o *pensamento mágico religioso*.

Mas cuidado, às vezes ele pode ser bastante *maléfico*.

Entretanto, antes de adentrar no *pensamento mágico*, por questão de lógica e roteiro, vamos à *Política*.

CAPÍTULO 5

POLÍTICA E ÉTICA OU ÉTICA E POLÍTICA

"(...) Ética é um dos grandes capítulos em que se divide o pensar do ser humano desde os primórdios da filosofia, na Grécia Antiga. E desde essa origem a ética teve e tem uma íntima ligação com a política, chegando mesmo a uma quase identificação naquele momento da Antiguidade (...).

(...) O conceito de ética é também algo estreitamento vinculado ao sentimento dos povos, ao seu modo de viver e aos seus costumes...

e tem naturalmente evoluído no seu conteúdo, como evoluem esses costumes ao longo do tempo e da história (...).

(...) Quanto à política, a sua ideia se desdobra em dois conceitos diferentes que convivem quotidianamente na opinião dos cidadãos e na motivação da ação dos políticos: um é o de que a política, a mais nobre das ocupações humanas, é o empenho na realização do bem comum, do bem da coletividade ao qual se aplica como a um propósito final; é a concepção de Platão e de Aristóteles, dos filósofos pregos que a explicitaram na sua polêmica de afirmação da filosofia (que se confundia para eles com a política), contra o pragmatismo dos sofistas e dos retóricos que ensinavam a linguagem eficaz para o manejo das assembleias e das funções políticas. O outro é o de que a política é a arte e a sabedoria de conquistar e de manter estável o poder; o fazer o bem; nesta visão, não é propriamente um fim, mas um meio de ganhar o apoio dos cidadãos para a conservação e a estabilização do poder, empregado em paralelo com outros meios também válidos, como o marketing, o controle da mídia, o clientelismo, o populismo e até mesmo a mentira, a violência e a corrupção (...).

(...) Ambos os conceitos são correntes no mundo e nos tempos, tendendo a prevalecer, no geral, o 'realismo' do segundo. Assim é que, entre nós, contemporaneamente, a virtude mais popular da política é a esperteza, que a linguagem simples tem chamado de 'jogo de cintura', juntamente com a coragem, macheza ou ousadia; qualidade das quais nasce a confiança no político, como

alguém capaz de bem dirigir o povo com pulso e habilidade. A ideia do bem, entretanto, estará sempre presente e importante, a fazer a crítica permanente do pragmatismo, impedindo o poder de violar certos limites ditados pela ética e levando-o mesmo a fazer concessões a muitas de suas postulações, ainda que vistas frequentemente como românticas ou quixotescas. E o propósito do bem, a sua busca pela política, tende a ganhar dimensão de hegemonia nos momentos de crise grave que abale os fundamentos éticos da sociedade, gerando verdadeiros momentos revolucionários que operam profundas transformações político-sociais (...).".

- Roberto Saturnino Braga

Como o propósito deste pequeno de livro não é o de criar nem desenvolver conceitos formais, em nada obstante, partirei do texto acima nesse capítulo. Lembrando-me e parafraseando o filósofo *neopositivista Karl Popper* (1902-1994), o qual cito mais detalhadamente no livro anterior a este: *O olhar de um instante – Matéria, Sujeito e Representação – Editora CreateSpace Amazon,* "não existe um lugar exato de onde começar. Comece onde quiser".

De qualquer forma, resolvi partir daqui. Porém, sempre em algum lugar tem mais coisas acopladas a uma *única coisa*. Basta começar de algum lugar e de alguma coisa...

Enfim, prossigamos...

A partir do surgimento da chamada *Civilização*, em todos os tempos e lugares, o homem viu-se obrigado a estabelecer relações consigo mesmo e com os outros homens ao seu redor. Mesmo na sombria *Caverna de Platão* e no *Texto da Criação*, existiam determinados modelos, normas e condutas morais e comportamentais prescritos entre eles, contudo, conforme pôde e pode ser visto também nos dias de hoje, a *desobediência* e *a contra-ordem* sempre estiveram presentes nas ideias, atos e comportamentos dos atores protagonistas *civilizacionais*. Desde de sempre existiram *a ordem e o caos*: Você *arruma* e o outro *desarruma*. O outro *arruma* e você *desarruma*... Quanta *canseira*!

Pois é! É assim mesmo...

É preciso entender, entretanto, ou se esforçar para isso, que nem sempre a *ordem* é o bem, tampouco o *caos* é o mal.

O *caos* que ora venha a se suscitar talvez não deixe de ser a *destruição,* como forma de uma nova *reconfiguração* das coisas que tendem a permanecer *instituídas*, apesar de anacrônicas e mortais. Ou seja, nesses termos, o *caos* é a tentativa de *matar* a *morte*, aquela *união* que se deu anteriormente de forma *encantada*, porém, que se tornou insustentável e sem *beleza*, apenas com os *resíduos nostálgicos* de uma *felicidade mágica de outrora*, somente *imaginária*, em contraposição com a realidade dos fatos insurgentes.

Todavia, na maioria das vezes, insistimos para que o *imaginário* prevaleça sobre a *realidade...* Agindo assim, evitando a possibilidade de *o novo* se erigir, no anúncio do *caos*, do *instituinte*, esforçamo-nos para sustentar os *resíduos nostálgicos mágicos* da *ordem* que foram estabelecidos anteriormente.

Toda *nova* possibilidade tende a suscitar uma *resistência* de força antagônica. Difícil sair da *segurança da ordem estabelecida*, apesar de sua *ilusória completude*, sustentada apenas por uma certa *insanidade*.

É disso que se aproveitam os ditos *políticos* em seus discursos (ou politiqueiros atuais), qual seja: *Eu lhes dou a garantia da ordem, do bem viver. Eu completo a sua falta e nenhum caos será instalado comigo no poder.*

Acredite, essa ideia tem ganho várias eleições! Ninguém quer se arriscar ao *caos* (ao novo reconfigurador), mas apenas às novas formas modernas do *velho*, da ordem estabelecida, disfarçadas com novas *roupagens discursivas.* Qualquer tentativa radical que contrarie a *estabilidade imaginária* será vista como uma possível ruptura com a *velha ordem*, que se instalada, possivelmente impedirá os sujeitos nela instalados de permanecerem no *gozo* de seus *troninhos imaginários*.

"Queremos mudanças, mas não tantas. Os comunistas comem criancinhas...".

Assim pode se ler o grande *palco social* e *político*.

Daí, as suas *éticas forjadas* entram em ação. Tudo vale em nome do *poder* e do *gozar*... *Mentiras, calúnias, caixa 2, compra de votos, promessas vis, dissimulações*... *Práticas éticas* cotidianas atuais pelos quatro cantos de nossa Pátria: *Ordem* e *Progresso*. Lutar contra o *demônio* não é mole não, Jesus que o diga!

Unem-se, de um lado, grupos *hipnotizados* por *líderes políticos escusos*, assentados em suas *éticas espúrias*, satãs travestidos de salvadores, falsos profetas do bem, sustentados pelos afãs de seus rebanhos alienados. *É a fome com a vontade de comer.* Todos famintos pelo *poder narcísico da completude imaginária.* *Identificações grupais inconscientes*, quase sempre *perversas*, pois sabem muito bem das suas *éticas*, movidas pelo *desejo de poder* a todo custo, nem que sejam para *assassinar* os *adversários*.

De outro lado, qualquer *ética política* que se contraponha aos ideais imediatos daqueles regidos pelo ódio ao outro parece tender ao *fracasso*. Diversas estratégias que visem rechaçar o *demônio*, que vão de encontro às *aspirações umbilicais classistas*, serão combatidas pela *ética sub-reptícia e cega* dos supostos *cavaleiros* da *ordem* e do *bem*.

Volto a frisar, e importante que se repita, entendam a *ordem* como um estado de manutenção do velho regime, do arcaico, do infantilizado, do fechado. Alguma coisa implantada, imaginária, estereotipada, delirada permanentemente... Ilusões irrefutáveis.

No Brasil atual (2014-2015), assistimos, lamentavelmente, a um *cenário ético* ainda pior, pós-eleitoral.

Pode ser visto como a história de um *cara arrogante* que foi derrotado *legitimamente* pelo voto popular e democrático nas últimas eleições presidenciais *(2014)*, '*un coûteux non castrésque*' (*um cara não castrado*, diriam alguns psicanalistas) que ainda se julga imbatível e infalível, assim como a sua gleba, desprovido da *sublime ética da falta*, daquela ética da qual *precisamos mais* para *ser menos*. Aquela que sabe conviver com os *limites éticos*, apesar do *sofrimento* que isso possa causar em face às derrotas ao longo da vida. Entretanto, diga-se de passagem, as derrotas possibilitam *novas reconfigurações* do *mal-estar*. Assim a vida caminha, perde-se, ganha-se...

Nada deve ser *eterno*, pré-estabelecido, eternamente ordenado. É preciso sair da imagem do *espelho* com o outro, ficar é *mortal*, pois, elimina a *diferença*. Faz-se necessária uma abertura à *alteridade*, ao outro. É preciso sair do *espelhinho* e do *umbiguinho*. Por um certo *caos* como forma de *desestabilizar* as *ordenações débeis* e impossíveis de se sustentar na completude imaginária com o *outrinho* aspirante a, ou detentor de *um poder narcisista*.

O mais íntimo de nosso ser talvez seja o nosso *desejo singular caótico*, do qual nada queremos saber, que nós defendemos através da sua *negação* e de sua *projeção* nos outros. Assim vale tudo. É a *ética do vale tudo*, desde que o *mal* seja o outro e do outro, aquele com o qual eu o utilizo para descarregar as minhas frustrações.

Sem essas delimitações de si e do outro, a *sociedade política* tem se tornado um grande *ânus* que não pára de defecar *dejetos inutilizáveis*, seres *paridos* na condição de *cagados*, irreflexivos, imediatistas, imorais. Criaturas horrendas, desprovidas do menor senso crítico de si mesmos e dos outros. Avessos à *alteridade*.

São *fezes* estocadas e lançadas, atinja quem atingir. É a ética dos *cagões e dos umbigos enlaçados*, que não sabem *parir vidas* nem engendrar *cânticos sublimes* e pacíficos, *adubos* mínimos necessários para a existência da *civilização*.

Vivemos a *ética da destruição* das possibilidades. É a *era imperativa* do *si mesmo*, correlatamente, da *dor do outro*.

Seres abjetos, *cagados*, pelos quatro cantos de nossa Pátria.

Impossível de se d*ialetizar* no *campo discursivo*, pois à *ética da convivência democrática,* erigiu-se, de forma fabricada pela ganância fálica do poder pelo poder, o ódio ignóbil e injustificado.

Pois bem, *líderes* assim, inundados pela *maldição de Narciso de Ovídio* (43 a.C.-17 d.C.), como o *cara* mencionado acima, além de se mostrarem desprovidos de elementos *éticos democráticos*, sai a contaminar toda uma nação.

O ódio irracional, a cólera, as calúnias... Tudo isso aliado às figuras mais *sombrias* de nossa Pátria entraram em cena para descontruir a *boa ética democrática*. Nunca se viu tanta sordidez, insanidade e violência juntas.

O esgoto perdeu a sua tampa.

Em nada obstante, os políticos se apresentam como vendedores de ilusões a altíssimos custos degradantes, desde que se mantenham as *cegueiras* dos seus *rebanhos acríticos*, colados em seus *narizes empinados*, mas que somente servem para denunciar, além de suas desprezíveis miopias, a direção obscena e vil para aonde apontam e querem chegar.

Uma civilização, uma Pátria inserida nesse *lamaçal ético*, possivelmente tende à sua própria extinção.

Rebanhos destrambelhados, promovidos e promotores de *líderes antiéticos* os quais se valem de todos os meios para chegarem em seus *podres* fins. Repetições enfadonhas, soçobros gozantes pérfidos.

Insiste em meu pensamento uma fala de um personagem do último filme do genial *Jean-Luc Godard* (Paris, 3 de Dezembro de 1930), *Nossa Música* – *"Matar um homem para defender uma ideia não é defender uma ideia, é matar um homem."*.

Ou uma *mulher*, digo eu.

Não é minha pretensão mudar as ideias de ninguém, não sou *tão mentecapto* assim. Porém, tento apenas uma *provocação*, uma tentativa de trazer um pouco de *caos* do qual falo aqui, e assim, quem sabe, lançando *fezes* eu possa *parir* um pouquinho de *vida*, mínima que seja, que escape um pouco às *rédeas da norma*.

É assaz importante perceber que a *massa de manobra* ["*bucha para canhão*" – *Erich Fromm* (1900-1980)] é *ética* e *esteticamente* moldada pelos *artífices imorais e malfeitores da vida pública* que também foram *cagados* pela grande *cloaca-anal* do chamado *sistema capitalístico planetário*, hoje em dia, mais do que nunca, oriundos da *cópula entre o capitalismo selvagem e a ciência*. Inescrupulosos... Afora os seus *lucros*, ninguém vale nada.

Percebe-se então, nessa *interpretação*, que dificilmente se pode vencer um *sistema global* que *derrama* o seu *líquido miserável*, *inundando* todo o planeta, ocupando todas as brechas e insuflando *subjetividades*.

Combater a *ética imoral de canalha*s, em pequenos *focos fedidos*, é como *enxugar gelo* ou protagonizar *Sísifo de Pausânias* (115 d.C-180 d.C.). Você elimina uma *praga* aqui, nascem dez ali, prontos para a *eliminação da diferenç*a e para a manutenção do *império capitalista da barbárie*.

Entretanto, faz-se necessário *enxugar gelo* sim, combater *pragas focais* sim, numa espécie de luta *molecular* distribuída e relativizada para que se possa almejar a *estrutura molar* totalizante.

O *novo* sempre é combatido pelo *velho*. O *caos* irrompe e a *normatização* estável da vida tende a fechar-se em seus *esgotos* controlados através de *manobras obscuras* irrigadas *liquidamente* nos espaços e nas formas de *subjetivação* individuais e coletivas.

Dessa forma, vivemos num grande *esgoto líquido e asqueroso*. *Os ratos* sempre estão a postos.

E as campanhas eleitorais, heim? Verdadeiros *circos trágicos*, regidos por *éticos apestosos* e *infectos*, em sua grande maioria. Além disso, podem ser vistas também como *competições esportivas* que vêm se tornando cada vez mais *violentas e abjetas*.

De um lado, um *líder encarnado* e que *encarna* os ideais de seu rebanho, com os seus interesses apenas *umbilicais e sociocêntricos*; do outro, o mesmo se dá com os personagens adversários diferentes, uns mais *fedidos* do que outros...

Para não perder a piada, pode-se pensar no século XXI: *"Só mudam os mosquitos, a bosta é a mesma"*.

É obvio que há *líderes* políticos mais *paridos* do que *cagados*, assim como alguns rebanhos são *pedigrees* mais *purificados pela dignidade de seus esforços,* mas na maioria das vezes, assistimos *aos cagões e cagadinhos* disseminando *odores fétidos* e *infectos* pelos ares da *polis*...

Ambos os lados se pretendem menos *bostas*, mas o *desejo de poder*, subjacente aos discursos, é o mesmo.

E que *desejo de poder* é esse?

Nada mais do que o de ocupar um lugar de *completude imaginária*, advindo das mais tenras *estruturas infantis*, as quais permanecem *atualizadas*: *Eu completo o outro e o outro me completa*. Assim, pelos *traços identificatórios grupais* comuns, os bandos se organizam todos em torno de um *ideal*, um *líder* e uma *bandeira*.

O que se percebe também, e importante que se diga, é que quando determinado *líder* vence a *competição escatológica*, torna-se impossível dar um *jeitinho* para todo o seu rebanho que supostamente o elegeu para o *trono do poder imaginário da felicidade*:

"Eu votei em você, agora quero o meu emprego"; *"Fiz campanha para você e vou ganhar só isso"*; *"A prima da sobrinha da tia do cunhado do meu ex é assim com ele"* ... *"Vou dar um jeitinho pro cê!"*; *"Fulano tem as manhas, deixa comigo"* ...

Noutras vezes, escuta-se: *"Você sabe quem sou eu?"*; *"Você sabe com quem está falando?"*; *"Vou ligar para fulano agora, ele é muito meu amigo!"*. *Rebanho poderoso*, heim?

Pois eu lhe digo: Sim, eu sei quem é você, com quem estou falando e estou *pouco me lixando* para você e para o *seu amigo poderoso* que *"não sai da cozinha lá de casa!"*, conforme gosta de repetir.

Sei sim, você é um *bosta*, *cagado* e espalhando *fezes* pelo seu caminho *bestial*!!!

Se o fulano *"seu amigo"* não sai de sua cozinha é porque ele também é *tão bosta* e *cagado* quanto você o é, pois disseminam *éticas umbilicais seletivas* em detrimento do bem estar coletivo.

São preconceituosos, discriminadores... *Eis a sua ética política.*

Para você, o *outro diferente* e que não frequenta a sua cozinha, deve permanecer nas *latrinas* de seus *castelos encantados*, embora a sua cozinha exale o pior dos *odores fétidos ambientais.*

Ouvi certa vez de um *Secretário*, em algum lugar deste país, o seguinte comentário: *"O difícil é montar as equipes, depois as coisas fluem bem"*. Ao que pensei imediatamente: O *difícil* é achar as *bostas ideais* que completem o seu *odor*. E não é que se acham fáceis!

Juntam-se *a fome com a vontade de comer* e assim os *mosquitos* se atraem sobre o mesmo *bolo fecal. Mosquitos, éguas, fezes, cagados...*

Todavia, tão logo, como deveria ser do conhecimento de todos, *os recursos são escassos e a demanda é infinita,* mesmo para os *amigos* e *comparsas* do *rei.*

Assim, *o troninho imaginário* inicia o seu colapso e seu calvário em sua própria ereção. Conforme foi dito acima, todo grupo também tem o seu *bode expiatório* e o seu *delator* que tendem a se pluralizar.

Recomendo aqui a leitura do livro genial do nada menos genial indiano naturalizado inglês, *George Orwell (1903-1950) - A Revolução dos Bichos (1954).*

Posta a difícil *sustentação do imaginário na realidade*, o *líder* começa a perder forças assim como o seu grupo frustrado, necessitando de acordos e conchavos para manter a sua *ilusão de completude* conquistada.

Existe também um tipo de cidadão muito comum nas cidades *Brasil afora*. É aquele que não se pronuncia abertamente. Aquele que já fora advertido duramente pelos *Bertold Brecht* (se não conhece, pesquise, *cagão!*). É aquele que *finge de égua*. São *éguas sociais políticas*. Assemelham-se aos *em cima do muro*, embora consigam ser piores, pois nem o muro conseguiram escalar, senão, tão somente, permanecem no altar do suicida *Pôncio Pilatos* (Nem se sabe a data de seu nascimento – 37 d.C.).

Vangloriam-se de não terem opções políticas: *"Político é tudo igual"*; *"Meu voto é secreto"*; *"Eu não gosto de política"*; *"Aqui na cidade, você já viu, né? Se a gente apoia fulano e ele perde, o outro que ganhou persegue a gente"* (Importante frisar aqui que *"o outro persegue a gente"* é o mesmo que dizer, *"o outro não vai arrumar serviço para mim nem vai me ajudar"*. A sua *ética* também está à venda.

É hilário perceber que assim também eles se comportam nas *redes sociais*. São *auto vigilantes* e *autorreferentes*. São verdadeiras *éguas virtuais* nas redes sociais. Estão por dentro de tudo, leem tudo, mas não curtem nada, muito menos postam comentários, a não ser em suas fotos narcísicas e de seus pares, em lugares *imaginariamente* superiores, belos e sagrados. Apesar de tentarem se esconder, são os mais reveladores pelas suas próprias *ausências*.

Percebem agora?

No fundo e na superfície, se se presta mais atenção, são os mesmos *cagado*s com as suas éticas oportunistas, do famoso *jeitinho brasileiro* descrito pelo antropólogo fluminense, *Roberto da Mata* (1936). Ficam à espreita, prontos para dar o *bote*, melhor dizendo, o *coice*.

Provavelmente, no próximo pleito, *"embora tenha muita água para passar por debaixo da ponte"*, a realidade exale mais o seu odor...

As coisas se repetem de forma diferente. *É um eterno retorno...*

E você, não vai tentar *cortar* a *linha da história* que o aprisiona nas *fossas escabrosas* e *imorais*? Ou vai permanecer sempre *cagado* e *cagando*?

Que tal ajudar a *parir* um *novo sistema*, uma *nova ética*, uma *nova política?* Pelo menos *parindo* a si mesmo, se transformando, lançando numa nova *abertura ao caos reconfigurador*, ao outro, *à alteridade*. Nada tem a perder... Esforce...

Contudo, para *parir* um *novo sistema* e a *si mesmo*, faz-se necessário enfiar um certo *caos* nessa *ordem pútrida, estática* e *anacrônica* que nada faz além de insistir na perpetuação no *poder* através de seus próprios *cus* compartilhados entre os seus pares.

Eis suas *políticas* e as suas *éticas*.

    Fummm!

CAPÍTULO 6

PENSAMENTO MÁGICO E RELIGIÃO

Desde a antiguidade o homem procurou entender o mundo ao seu redor e a si mesmo, se ele não foi apenas mais um ca*gado*, claro!

Contudo, ao elaborar o seu pensamento com as ferramentas disponibilizadas pela *linguagem* de sua época, ele não deixava de ser suscetível às *armadinhas perigosas* do seu intelecto ou à *boa forma sublime* de seu ser.

Se o homem buscava entender a si mesmo e ao outro, essa

necessidade inquietante já era o anúncio de sua *ignorância, pequenez, solidão... loucura.*

Em face de um *real* e de *imagens sem nomes*, ele passou a atribuir *sentidos* a tudo que via, *a si mesmo* e *àquilo sem nome* que comprimia o seu intelecto para se exprimir.

Daí nasceram os pensadores, filósofos, poetas, matemáticos...

Muitos deles lançaram *fezes*, além deles mesmos, para a nossa cultura e história, nada mais fizeram do que se manter como grandes *cagões* da história do pensamento, nublando e dificultando mais ainda a compreensão do *rea*l inominável.

Mas, qual *real*?

Aquilo que *pulsa sem nome,* embora se *escreva* em sua própria *ausência.*

Ao abrir a *Caixa de Pandora, fezes foram lançadas num grande ventilador ...*

Mas também é preciso reconhecer os esforços empreendidos por todos esses personagens, pois ao se verem como seres *degradantes, insignificantes* e *mortais*, nada mais natural do que buscar *refúgio* para esse *malogro existencial.*

Qual *malogro existencial*?

O pobre homem, lançado num *mundo sem nome, sem si mesmo* e sem a sua *autorização* para existir.

Pobre homem, lançado às trevas do *real*. Alheio ao seu próprio *consentimento*. Fruto de um *coito* que nem imagina como foi!

Porra, fezes... dos outros. Apenas.

Não sabe se foi *cagado* ou *parido*, talvez apenas um *excremento* entre outros mais.

Por uma questão apenas de coerência lógica do meu pensamento, que também não deixa de ser *cagado*, reduzirei a *história da filosofia entre dois polos*.

No primeiro, o polo do *devir*. No segundo o polo *estático* do ser.

Imensurável no primeiro; mensurável no segundo, embora em ambos a *verdade* não possa ser efetivada, apenas relativizada e *não-toda*. Talvez a única convergência dos dois polos mencionados seja a de que a *essência*, ou a *verdade* das coisas, sejam apenas *opiniões* (*doxa*) relativizadas e impossíveis de se concluírem em seus acabamentos últimos...

Sempre sobra um *resto* em todas as suas investigações. Um *resto* da ordem do *real, não simbolizável* e que escapa à qualquer forma de apreensão.

Nessa direção *bipola*r, trata-se de um *reducionismo* grotesco de uma certa *filosofia ontológica e representacional*.

No polo do *devir*, do *movimento*, aquilo que se tenta apreender ou se instala como uma *verdade* é esfacelado pelo próprio *movimento permanente* do *sujeito e de suas coisas.*

As pretensas *verdades sólidas* sobre tudo se *derretem* e se *diluem liquidamente...*

O *marasmo estático de Parmênides de Eleia* (530 a.C. - 460 a.C.) para referencial de *solidez* do conhecimento absoluto, sempre se esvai na aventura do *desvelamento* da *verdade,* contraposto pela incessante clausura sem fim do *movimento* do *devir,* do *vir a ser* de *Heráclito de Éfeso* (535 a.C. - 475 a.C).

Enquanto *Heráclito* se esforçava para demonstrar que tudo está em uma *eterna transformação, Parmênides* elaborava uma ideia completamente contrária: *"Toda a mutação é ilusória".*

Apesar de todo esforço *dialético proposto,* resultante dessa *combinação inconciliável* na direção da *verdade* (*aletheia*), se viu como resultado tão somente *opiniões* (*doxa*). Na maioria das vezes brilhantes, noutras não tão brilhantes assim.

Penso que o psicanalista francês, *Jacques Lacan* (1901-1981), a seu jeito, consegue fechar a *Caixa de Pandora* ao lançar sobre a Filosofia da *Aletheia* as *trevas* da *inacessibilidade* da *verdade absoluta.* A verdade é, pois, *não toda, semi-dita.*

Portanto, digo eu, *maldita.*

E agora, como conviver com as trevas do mundo e com o *sombrio ser?*

O que poderia insurgir-se como o primeiro dos quatro estágios do *niilismo*, proposto pelo filólogo e filósofo alemão, *Friedrich Wilhelm Nietzsche* (1844 -1900), ao contrário, fez com que o homem se apressasse em fugir desse *desamparo crucial* e terrível *a priori*.

A *verdade absoluta não existe*, portanto, estou *ferrado*...

Mas, salve-se, resta-lhe ainda, contra as *trevas* e o incômodo *niilismo nietzschiano, o pensamento mágico: Deus* como a *verdade absoluta*.

Conforme *Sigmund Freud* (1856-1939) - *O Futuro de uma Ilusão, Editora Imago, RJ, p. 27*:

"(...) O desamparo do homem, porém, permanece e, junto com ele, seu anseio pelo pai e pelos deuses. Estes mantêm sua tríplice missão: exorcizar os terrores da natureza, reconciliar os homens com a crueldade do Destino, particularmente a que é demonstrada na morte, e compensá-los pelos sofrimentos e privações que uma vida civilizada em comum lhes impôs... Reside aqui a essência da questão... Quando o indivíduo em crescimento descobre que está destinado a permanecer uma criança para sempre, que nunca poderá passar sem proteção contra estranhos poderes superiores, empresta a esses poderes as características pertencentes à figura do pai; cria para si próprio os deuses a quem teme, a quem procura propiciar e a quem, não obstante, confia a sua proteção. Assim, seu anseio por um pai constitui um motivo idêntico à sua

necessidade de proteção contra as consequências de sua debilidade humana. É a defesa contra o desamparo infantil e que empresta suas feições características à reação do adulto ao desamparo que ele tem de reconhecer – reação que é, exatamente, a formação da religião... Esse estado de coisas é, em si próprio, um problema psicológico bastante notável... Quantas acusações de uma só vez! Não obstante, estou preparado para refutá-las e, mais ainda, afirmo que a civilização corre um risco muito maior se mantivermos a nossa atual atitude para com a religião do que se a abandonarmos (...).".

Neste sentido, o pensamento mágico infantil empresta ao adulto uma ilusão ao desamparo: um pai protetor divino que salva, ordena e pune os homens infantis aqui na terra.

Não obstante, o que se entende por pensamento mágico?

Ademais, emprestando-me do texto de *Cristina Lindenmeyer* e *Paulo Roberto Ceccarelli - "O Pensamento Mágico na Constituição do Psiquismo - in Reverso, Revista do Círculo Psicanalítico de Minas Gerais, ano XXXII, 63, 45-52, 2012":*

"(...) A expressão pensamento mágico é utilizada para descrever a crença segundo a qual certos pensamentos levariam não apenas à realização de desejos, mas também à prevenção de eventos problemáticos ou desagradáveis. Nos adultos, a persistência deste tipo de pensamento, típico da infância, sugeriria um sintoma de imaturidade, ou de desequilíbrio psicológico (...).".

Portanto, ao *pensamento mágico* não interessa tanto conviver com a *trágica realidade humana* e *mundana*, pois ele pode construir uma *nova realidade* a partir de uma *ilusão* que lhe permita suportar as *agruras* dessa *realidade insuportável*, contando, às custas de uma *ilusão protetiva*, porém imatura.

Assim, dependendo da constituição de cada um, desencadear-se-ão *as patologias* inerentes a si mesmos e aos grupos, nos mais variados *fenômenos religiosos* enquanto *produções ilusórias*.

E *fugir* não apenas da *realidade externa*, mas também, e, principalmente, da *realidade interna*, fugir de *si mesmo*, haja vista que a *realidade* para um sujeito nada mais é do que aquilo que foi *internalizado*, *processado* e *interpretado* por ele a partir de suas relações com o outro: a sua *realidade psíquica*.

Conforme foi dito por *Freud* acima, essa *ilusão* está relacionada com as *vivências infantis* de cada um. E são essas que definirão o modo como cada sujeito entrará nesse fenômeno.

Diante do *desamparo* em face a dor, ao inusitado e a morte, cada sujeito responderá de acordo com as suas *ressonâncias infantis*.

E, é bom que se diga, não faltarão *oportunistas* para explorarem o *desamparo do próximo*, alimentando essa *ilusão* com a promessa de dias melhores e uma *felicidade suprema e divina* num suposto *mundo do além*, bastando para isso a prática de rituais e a oferta de seus míseros grilhões como a *senha de acesso* ao *paraíso*.

Assim procedendo, caso você não consiga certo alívio aqui na Terra para as suas dores e as suas aflições é porque você não doou e não se entregou totalmente conforme os *desígnios de Deus.*

Outras *negociações financeiras* lhes serão propostas. Parcelam-se a *senha de acesso ao reino do céu* em *infinitos boletos* que você pagará pelo resto de seus dias. Quanto maior o sacrifício para cumprir as *determinações financeiras, morais e ritualísticas* impostas pelos *empresários da fé,* maior será a sua chance de alcançar o *castelo imaginário* construído e financiado pelos oportunistas e *vendedores de ilusões.*

Tudo é pouco, *buraco sem fundo,* daí o seu constante *sentimento de culpa sombrio* incutido que acompanhará você até o seu *leito da morte.*

Do *desamparo à ilusão. Sutil negação* da realidade e de si mesmo. *Construções neuróticas,* noutras mais, *psicóticas e perversas.*

A sua *salvação* não está aqui na Terra. Está num *mundo distante e imaginário* onde *Deus e os anjos* lhe aguardam, desde que você entregue tudo ou quase tudo. Se você sofre aqui na Terra é porque o *Senhor assim deseja.* Mas, não se preocupe, dias melhores virão! Será?

Em vários cultos de *igrejas evangélicas* pode-se assistir aos rituais de *exorcismos induzidos,* onde atores (fiéis) desesperados não medem esforços para se exporem, são verdadeiros *fenômenos histéricos* semelhantes à *cuba* do médico, músico e magnetizador alemão, *Franz Anton Mesmer* (1734 – 1815), tão bem descrito por *Léon Chertok* e *Isabelle Stengers*, no livro intitulado - O *Coração e a Razão: A Hipnose de Lavoisier a Lacan, Ed. Zahar*.

Refutar esse tipo de *exorcismo* é uma verdadeira *heresia* para todos os envolvidos. Quem assim o fizer será *amaldiçoado* e *lançado às profundezas do inferno*, de forma análoga às fogueiras da *Idade Média* e às *Trevas Míticas*.

Não só nas igrejas evangélicas. Atualmente, diante da perda de mercado, a *Igreja Católica* traz o mesmo fenômeno com um outro nome: *Missa de Cura e Libertação*.

Em ambas, numa direção contrária à *Psicanálise*, embora utilizando-se de seu objeto de estudo, *o inconsciente, padres* e *pastores* se tornam verdadeiros *xamãs* diante de suas *tribos*.

Quem sabe e detêm o *poder da cura* e da *salvação* são os *xamãs tribais*. A *cura* deve vir de fora dos *alienados*.

Na maioria das vezes, esses rituais são longos e cansativos, deixando os fiéis mais incrédulos, *à flor da pele*, prontos para *ab-reagirem* através de suas próprias *catarses* ou as do *próximo*, num efeito *mesmeriano hipnótico induzido*.

Passado o espetáculo, todos *curados e abençoados*, vem os *recadinhos finais*: as *doações monetárias* de *boa-fé*. Todo a *tribo* está efemeramente feliz: doam-se aquilo que podem e que não podem...

Entretanto, já na saída das *reuniões da fé*, o *cônjuge* do outro já é *cobiça* do desejo de outrem...

Em suas residências e no cotidiano, as coisas estão a *claudicar*. A *felicidade eterna* não se cumpre aqui no nosso mundo, resta-nos o *mundo do além*: *Deus vai recompensar o seu mal, se não for agora, será na salvação da próxima vida.*

Contudo, não perca a sua *fé*. E lá vai você outra vez, buscar a sua *cura efêmera induzida*.

Admiro muito, principalmente, os padres da *Igreja Católica*, porta-vozes de Deus aqui na Terra. Com afinco, esforço e estratégias discursivas, mantêm vivas as *chamas do paraíso*. E viva o *pensamento mágico*!

Tradições filosóficas e culturais perpétuas, o *pensamento mágico* permanece vivo mais do que nunca, apesar dos *Michel de Montaigne* (1533 – 1592), dos *Friedrich Wilhelm Nietzsche* (1844 – 1900), dos *Jean-Paul Sartre* (1905 – 1980) e tantos outros...

A tradição *cristã-socrática-metafísica* é inabalável.

Acredita-se no *mundo perfeito das ideias platônicas* acima de tudo e de todos! É para lá que se quer ir, apesar de que nada garanta que se trata mais de uma *caverna*.

Quanto a mim, o tema do *pensamento mágico* da *fé* e das *religiões*, não me incomoda mais. Apenas os seus modos de produção de *subjetivação em massa*, definitivamente aliados ao modelo *tecnocientífico* e ao *capital*.

São as três forças juntas: *Capital + Ciência + Religião*. Até o declínio do *Feudalismo*, com a ascensão da *Burguesia* e da *Revolução Industrial*, a cópula se fazia entre a *Religião + Nobreza*.

Do desamparo radical do homem, nasceu *Deus* e os *céus*. Agora o *apego* se estendeu ao *Capital*, à *Ciência* e aos seus *poderes mágicos de completude*.

Tudo está perfeito! *Deus* me salva e o *Capital* e a *Ciência* me mantêm vivo e poderoso nesse mundo. Tudo isso deve ser *abundante*. Muito dinheiro, muita fé e muito conhecimento. Quando eu morrer, o *Paraíso* me espera!

E aqueles pensadores, *cagados e paridos*, não se sabem onde estão, senão apenas nas ideias de um povo.

E, enquanto isso, as coisas não estão tão bem aqui na Terra...

Aqueles *Dez Mandamentos* de *Moisés*, talvez o primeiro texto escrito e impresso numa pedra, traga exatamente o avesso daquilo que ele expressa, denunciando a impossibilidade do seu cumprimento. Ou seja, *a lei serve apenas para denunciar a prática daquilo que ela proíbe*. Nada mais. Aquilo que se tenta combater e proibir não cessa de se realizar.

Eu creio em *Deus* e ele tem nome de *Vida*. Eis a minha fé, na *Vida*, aqui na *Terra*.

Aproximo-me mais de *Giordano Bruno* (1548 – 1600) do que de outros, pois *"para Bruno Deus e o Universo eram basicamente a mesma coisa; o próprio tecido da realidade estava "embebido" de divindade e infinitude. É uma visão totalmente diferente da crença judaico-cristã num Deus transcendente, ou seja, radicalmente separado de sua Criação. Esse foi um primeiro motivo importante para colocar o pobre sujeito em conflito com as autoridades católicas."*.

- *O Cosmos de Giordano Bruno – por Reinaldo José Lopes,*

Parafraseando um ditado popular, em todos os tempos e lugares, há *gente do bem e do ma*l. Assim também talvez ocorra nas *instituições* e *estabelecimentos religiosos*. Embora os significados de *bem* e de *mal* são *valorativos morais*, portanto *relativos e subjetivos*.

Uns poucos se *sublimam*, outros tantos tendem a permanecer nos *meandros degradantes* e a explorarem a *ingenuidade* e a *boa-fé* dos *peregrinos* em suas jornadas rumo ao *infinito*.

A *Casa de Deus* pode muito bem ser um *lugar* de serenidade, reflexão, luz...

Contudo, talvez a elevação superior consista em fazer da *Casa de Deus* a nossa própria morada nessa *Vida*!

Um certo *pensamento mágico* não faz mal a ninguém, posto ser eminentemente *humano*, sem ser *demasiadamente humano*. Aliás, todo pensamento não deixa de ser *mágico*: entre o *trágico* e o *encantado*.

Pelo que se percebe, não é minha pretensão aqui discorrer sobre a *existência* ou a *não-existência* de Deus, posto que a sua *não-existência* pressupõe a sua *existência*, se se pensa a sua *não-existência* como condição dialogística e dialética de sua *existência*. Ou seja, se é suposta a sua *não-existência* é porque a sua e*xistência* se faz presente. Tanto a negatividade de sua *não-existência* quanto a *positividade* de sua *existência* são faces antagônicas de uma mesma moeda. Só se pode negar aquilo que existe. Aquilo que é negado, obviamente, foi pensado. Se foi pensado, existe em algum lugar.

A *negação* em si da *existência* de Deus só faz corroborar a *sua existência*.

Sendo de difícil *entendimento* ou de uma visualização empírica *a priori,* ela pode ser alojada em outros campos da sensibilidade humana que não apenas na *racionalidade factual*.

É disso que se trata a *fé*, alguma coisa *sensível e intuitiva* que também não deixa de fazer parte, portanto, de certa racionalidade e de suas operações abstratas.

Numa certa lógica hegeliana temos:

Deus existe (Tese - Afirmação) <=> *Deus não existe* (Antítese - Negação) <=> *Deus não existe e existe* (Síntese)...

Entretanto, algo se perde nesse processo...

Assim, torna-se absolutamente *ilógico* negar a *existência* de Deus.

Mesmo porque o *significante* Deus *existe*, está posto, com os seus *infindáveis significados arbitrários* (próprios a cada subjetividade) dentro do universo do signo.

Apenas, e talvez com uma possível *supressão* completa da palavra Deus do universo dos signos fosse possível se aproximar mais de sua *essência*, ficando um *furo sem nome*, mas com a sua *força real pulsando vida* ou a *própria vida*. Algo da ordem mesma do *impossível* e de sua *apreensão*. O que não quer dizer também que o *impossível* não exista.

Portanto, nessa última direção, *Deus é o real*.

O que tento dizer, entretanto, não é isso, mas uma certa crítica à *anunciação* de um *paraíso extraterrestre* que salvará a todos nós. Pois, assim crendo e agindo, não há necessidade da *salvação* aqui na Terra. Pode-se tudo do lado de cá, inclusive e sobretudo, utilizar-se das mais *sombrias* e *arrepiantes atrocidades abomináveis*, porém a *luz* há de vir quando o *paraíso extraterrestre* chegar e todos serão *perdoados*.

A possibilidade de *superação* e do deslocamento dos instintos humanos mais degradantes que compõem a nossa *civilização* não são tão necessários haja vista o *perdão divino final*.

Então, parafraseando e retificando o escritor russo *Fiódor Dostoiévski* (1821 – 1881): *"Se Deus não existe, tudo é permitido"*, eu digo: Se o paraíso existe, tudo é permitido. Deus não tem nada a ver com isso.

Talvez já tenha prescrito o tempo em que os ditos *porta-vozes de Deus* aqui na nossa *civilização* de se aderirem à nossa *realidade mundana* apenas, pois proferindo sempre o *além salvador* – e que não tem nada a ver com Deus, repito - eliminam quase por completo a possibilidade da existência na realidade daqueles mesmos *valores* e *virtudes* que tanto pregam, haja vista que o mundo *metafísico do além* mais afasta a humanidade da concretude da nossa dura existência, inviabilizando o cumprimento dos seus *dotes morais e etéreos*.

Ainda, na esteira do *pensamento mágico* e da *religião*, contrapondo-se às belíssimas *ideias lunáticas* do genial filósofo neoplatônico *Friedrich Hegel* (1770 – 1831), em sua *Fenomenologia do Espírito*, na proposição de uma *superação de si mesmo* através de uma *dialética espiral ascendente,* em rumo à *verdade absoluta*, o nada menos genial filósofo *Karl Marx* (1818 – 1883), se embebedando de *Hegel*, o inverte, expelindo doravante a sua leitura da realidade a partir do *materialismo histórico e dialético* numa tentativa de *superação* da dicotomia *homem escravo* x *homem senhor.*

Entrementes, no que se refere a este capítulo que se finaliza, talvez a *religião* se torne de fato um *amortizador potencial* da *dureza da realidade* imposta pela velha e atual história de *dominantes* e *dominados*; *mestres* e *servos*, e assim *"a religião é o ópio do povo".*

Conquanto a minha pequenez *sombria*, espero não ser *lançado vivo* em uma *fogueira*, tampouco nas *águas gélidas* da *censura* e da *intolerância.*

Afinal de contas, já me basta ser *cagado*, vislumbrando apenas a *superação* de mim mesmo, em busca de me *parir* a cada dia...

Queimado, *ninguém merece!*

 D'eu me livre!

CAPÍTULO 7

ÁLCOOL E OUTRAS DROGAS

Lançado num mundo desconhecido e estranho *a tudo* e *a si mesmo*, o homem sempre buscou os sentidos para a sua *aventura*...

Velhas e repetidas questões lhes são remetidas a todo instante...

Quando ele pensa que encontrou *a chave do Universo* e de *si mesmo, novas realidades* se deparam à sua frente. Muitas vezes, *realidades* que o fazem tremer e espernear.

Um *novo* absolutamente *caótico* insurge do *nada*, destituindo toda a sua certeza tamponada por uma suposta *dimensão ordeira e estática*.

Conforme vimos, a *existência* passa pela *ordem* e o *caos*.

Talvez seja a partir de uma possível *dialética* entre a *ordem e a desordem* de todas as coisas e de *si* que o homem deixe de ser apenas algo *parido* ou *cagado* pela natureza vital, procurando assim uma permanente *superação* de *si mesmo* e de sua suposta e desejável estabilidade.

Tarefa nada fácil para a grande maioria que insiste nos *extensos prazeres* a todo custo, nem que seja através da *eliminação* do *outro* e de *si mesmo*.

Diante de uma dita *vivência insuportável* que atravesse o seu caminho e as suas *fantasias* de completude e felicidade, ao invés de suscitar-lhe uma *renúncia* diante da impossibilidade e *frustração* erigida, buscam-se outras vias conforme já foi dito.

Assim, proclama-se a *negação*, a *denegação*, o *pensamento mágico* e as mais variadas formas de comportamentos *drogaditos* e seus *rituais mortíferos*, bem *piores* do que a própria *vivência insuportável* erigida e da qual se foge.

Tudo pelo *gozo* que o prende em um suposto estado de *bem-estar fugidio*, porém retroalimentado incessantemente...

Discordar da *realidade* não quer dizer que seja necessário aboli-la e construir uma *realidade substituta* ou *paralela*, mesmo porque isso só pode ocorrer em nível interior.

A *realidade externa* que se tenta eliminar, permanece também como *realidade psíquica* de cada um que assim procede. A *realidade externa* é uma *interpretação* de cada sujeito, ela o habita em sua própria *negação, repressão* ou *recalque*.

A insistência em viver numa *realidade construída de forma mágica*, embora muitas vezes sem que se perceba o *fenômeno imaginário* instalado, acarretarão as mais *insólitas aventuras e condutas de risco*, haja vista a correlata existência da *realidade externa* e *mundana* da qual se pensa fugir com a sua *interpretação* dada pela sua *realidade interna* e *psíquica*.

Não, não é possível viver sem alguma *dor* ou *frustração* na nossa *civilização* assim como não causar algum *dano* também ao outro. A *singularidade do desejo* de cada um já é um *atentado* à subjetividade do outro.

Neste sentido, *viver é conviver* com o *diferente de mim* e de *mim mesmo*, pois *sou único* nessa *multiplicidade de desejos singulares*.

Tarefa nada fácil e que não cause um certo *mal-estar*, conforme observou muito bem o genial médico austríaco, *Sigmund Freud (1856-1939)*, visto ser necessário conviver também com os seus mais *sombrios instintos agressivos e bizarros*.

Há uma grande parcela de pessoas em nossa *civilização* que parece não estar disposta a deslocar esses *instintos animais que a habita ...*

Algo *pulsa* além da nossa suposta e perfeita *razão do eu.*

Pulsa e nos conduz a *estranhos labirintos obscuros*, senão *mortais.*

A cada novo dia, aumentam mais os *itens* e as *qualidades* do *cardápio (menu)* à nossa disposição:

Da *cervejinha* (teor alcoólico: 4 a 6%) ao *moonshine americano* (teor alcoólico: 100%), passando pela *cachacinha* a 20% (teor alcoólico: 38 a 48%) até o *run151* (teor alcoólico: 75,5%) Imentro;
Do *baseado* (maconha) ao *mesclado* (maconha + crack); dos inalantes e solventes (*cola*...) à cocaína e heroína;
Barbitúricos ao e*cstasy*;
Benzodiazepínicos (lorazepam, diazepam, clonazepam-rivotril, alprazolam...) e antidepressivos (fluoxetina, sertralina, paroxetina...);
Anabolizantes, etc.;
Chás e cafés;
Açucares (jujubinhas às trufas); doces e chicletes;
Salgadinhos e *processados*;
Churrasquinhos (picanhas...);
Redes sociais;
Sexo;
Etc.

Mas não se assuste tanto, pois segundo a *OMS (Organização*

Mundial de Saúde):

"Droga é qualquer substância que, introduzida no organismo, interfere no seu funcionamento.".

Obviamente, tudo aquilo que você introduz em seu organismo afeta o seu funcionamento, portanto, também a *terra*, o *ar*, o *fogo* e a *água*.

Como você faz o uso de tudo isso fará a *diferença*.

Cagado ou *parido*, não importa, você é um *drogadicto* [termo chulo – neologismo depreciativo – droga + adi(c)to] ou, pior ainda, *drogadito* (no sentido da construção da palavra na língua portuguesa).

Não obstante, há aqueles (as) que percorrem todo o *menu* e não se dispõem a devorar *nada*, absolutamente o *nada*, apesar de conhecerem todo o *cardápio*. São os ditos (as) *anoréxicos (as)* empanturrados (as) de *nada... Excessos de imagens.*

Na nossa recente *sociedade líquida*, conforme observou o polonês *Zygmunt Bauman* (1925), já mencionado, pode-se perceber que alguns *referencias* supostamente mais sólidos de outrora se *derreteram*, principalmente com o fortalecimento do *capitalismo* e seus *associados*: *as ciências* com a sua pretendida potência técnica e o excesso de imaginário decorrente dos *fundamentalismos religiosos.*

As ciências nos fazem acreditar que a *felicidade* é possível a qualquer hora e a um certo *custo*, através da *dessimbolização da Lei*, das referências simbólicas que possam nos remeter à nossa *falta e incompletude indeléveis*. *As ciências*, associadas ao *capital* nos diz: *"Nós temos a cura, descobrimos o produto mágico da felicidade. Bastam comprar e assim serão felizes"*.

Nas *empresas religiosas* não ocorre diferente, porém o objeto da felicidade é mais *mágico* ainda, ele está no *paraíso metafísico extraterrestre*, caso não o encontremos aqui na Terra por meios das contribuições monetárias, pode-se encontrá-lo através da aquisição financeira do *passaporte* para a *outra vida*.

Caso você não tenha nenhum *recurso financeiro*, mesmo assim irá para o *paraíso*, pois *"felizes são os pobres que deles é feito o reino do céu"*, bastando para isso a sua adesão ao *imaginário celestial* propagado pelos *porta-vozes do Senhor* aqui na Terra, apesar de que, talvez seja necessária uma *escalada no Purgatório*, antes de deixar de vez o seu *trágico inferno terrestre*.

De outras formas, via *menu das drogas* (*mercadorias*), além de se ingressar *neste mercado capitalístico mágico*, de fato, o *além* se torna mais próximo, embora com *luzes mais trágicas*, visto a *compulsão mortífera* para *sedar* a *existência* a qualquer custo e de qualquer jeito.

Neste sentido, a *sociedade líquida* não deixa de ser a *dessimbolização do real* via a sua *imaginarização*. *Não fale, imagine, compre e use*. Pode-se tudo se assim o fizer, inclusive ser *completo* e *feliz* a todo instante, embora tudo isso custe a própria *vida* e, muitas das vezes, a própria *dignidade humana.*

O *lazer* e o *entretenimento* se tornaram, em sua grande maioria, *encontros* e *rituais* de *comilança, bebedeira...*

Depois é só tomar um outro *remedinho* ou *"tomar mais uma para rebater".*

A *saideira* é definitivamente postergada até o próximo e o próximo encontro...

Caso a felicidade não se cumpra – e nunca se cumpre – *Deus há de ajudar.*

E assim, a dura realidade é permanentemente *negada* e *substituída.* Impera o *hedonismo.* Não se pode permitir ser *incompleto* por um momento sequer.

É a negação de *si mesmo.*

Abra-se o *menu,* mas antes, comprem o seu *passaporte mágico* para o *aquém.*

CAPÍTULO 8

ALTERNATIVAS ÀS FEZES:

PARIR VIDA?

"(...) Dito de outra forma: os seres são múltiplos e diferentes entre si. Isto significa que eles não estão sujeitos à tirania de um modelo e quer dizer, em última análise, que o próprio ser é um simulacro. Vejam que Deleuze reverte a antiga definição platônica, que fazia do simulacro uma sombra do ser. Para Deleuze, o ser não pode ser outra coisa que o próprio simulacro, na medida em que todos

os seres, sem exceção, interiorizam uma disparidade, uma dessemelhança com relação aos demais. Cada ser é único, é singular, por excelência - esta é a alegre mensagem de Deleuze (e já era também a de Nietzsche). É verdade que existe algo de trágico neste mundo. Afinal, vendo por este ângulo, todo ser é sempre um transmundo para o outro[78]. Há como que um abismo insondável entre os seres - que precisam criar pontes imaginárias (tal como a linguagem - com seus conceitos gerais e universais) para poder vencer a solidão a que estão entregues nesta existência temporal, múltipla e precária. Mas 'trágico' não se opõe a 'alegre' na filosofia deleuziana, tanto quanto não se opunha na de Nietzsche. É preciso imaginar o herói trágico como um homem alegre...[79]. Tal como Nietzsche, Deleuze acredita que o pensamento trágico afirma e justifica a existência em todas as suas formas e com todas as suas dores. O espírito trágico não é, como pensava Schopenhauer, uma espécie de depressão global ou sintoma de declínio[80]. Ele é, ao contrário, potência afirmativa - que diz 'sim' ao acaso e à multiplicidade, que diz 'sim' até ao mais áspero dos sofrimentos, que diz 'sim' principalmente ao caráter problemático da existência. Eis o grande 'sim' dionisíaco (...)".
- DELEUZE E O MUNDO DOS SIMULACROS
Regina Schöpke

A *salvação* é possível?

Isso vai depender muito de como você a pensa!

Salvação de quê? E, para quê?

Você ainda quer permanecer *eternamente vivo*? *Cagado* ou *Parido*?

É muito *sadomasoquista* você, não? Em toda a sua *pequenez* e *insignificância* ainda quer se tornar *um (a) deusinho (a)*, se já não o (a) julga ser?

Além de viver no seu *cotidiano infernal diário*, recebendo e espalhando *fezes* por todos os lados, pretende-se eternizar assim no *metafórico paraíso extramundano*?

Se se pensa assim, você é muito *infantil* e *prepotente*. Um tanto quanto *onipotente*.

Talvez o seu *único recurso* disponível diante de tudo isso chamado de *civilização humana* seja o de admitir-se, *a priori*, em sua total e completa *incompletude*, sem nenhuma importância para o *Universo*, senão em ser apenas mais um *objeto* utilizado pela *natureza* para que ela se reproduza.

Depois disso a *vida desc*arta, *caga* você. Nada mais espere.

Isso me fez lembrar de um trecho do livro: *Elementos de Biologia Lacaniana*, publicado pela Escola Brasileira de Psicanálise – Belo Horizonte MG, 2001, p. 44 –:

"É o seguinte: você sabe que o DNA é a eternidade, a substância? – é verdade que pensaríamos ser esta uma passagem de um

Seminário de Lacan... – 'o resto é fita'. A natureza tem uma força própria, egoísta (bem mais que a sua, digo eu), de produzir mais natureza ... 'Ela tem de se expandir e o DNA, que é o esperma da natureza, comanda tudo. Você sabe que o fungo, a folha, o peixe, o pardal, tudo tem o DNA igual? Então, sexo, mulher bonita, cabelos louros, olho azul, orgasmo, beleza, juventude, tudo é um grande estratagema para o DNA se propagar. Ele quer se reproduzir na árvore, no seu pau, no seu filho... e, depois que você procria, o DNA se desinteressa por você, e você pode morrer que não serve mais para nada'.". – citação atribuída a Tom Jobim.

Ademais, o livro citado logo acima, assim como este que você lê agora, ambos podem ser *cagados*, pois talvez já *pariram* algo razoavelmente suficiente para alguma *compreensão*.

Com relação a este, deixe que o vento leve o seu *odor*...

Nada deve ser para sempre, senão o seu estranho *gozo*, acompanhando-lhe até a sua *cova final*. Assim deve ser?

Eternizar-se, talvez seja não ficar na *eternidade*, posto a *eternidade* enquanto *movimento* e *transformação*. Nem o *gozo* é *eternamente* o mesmo. Ele é *eternamente repetição diferente*.

O próprio *gozo* se repete para *morrer*, suplicando à *vida* o seu *retorno ao reino animal, inumano*, sendo o *gozo* alguma coisa que visa o *além de um prazer último*, levado às últimas consequências, qual sejam: o seu próprio *fim*.

Damo-nos a conhecer uma infinidade de seres que não param de *gozar* num tipo de dor da qual se queixam e da qual não se saem. É o prazer causando pelo *desprazer recorrente*, um tipo de amor à dor.

Seres estes que choram e se queixam permanentemente de tudo e de todos, violentam e se violentam... Entretanto, pouco se pode fazer para eles, pois é exatamente isso do qual se queixam que lhes dão o seu *nó* na relação com a vida. Se o *nó* se desfaz, o sujeito soçobra, corre o risco de perder o seu objeto de amor, qual seja: a dor, a sua *marca registrada*. Não se veem nem veem os outros, apenas atuam como formigas ou baratas.

Repetem-se e repetem os seus *rituais existenciais chulos e tornados naturais*.

Não se arriscam a *nada*, absolutamente. Apenas *nódulos de amor à dor* em *si mesmos* são os seus fundamentos, a marca indelével de seus seres. *Gozo infernal e ilimitado*.

Sem princípios, meios nem fins, senão a *cegueira sensível masoquista*...

Até o seu *orgasmo* parece ser alguma coisa ilimitada. Aquele prazer próximo à *morte* sem limite de duração. Entretanto, caso o orgasmo fosse infinito, você se sucumbiria logo. Apesar de querer tirar mais uma e mais outra...

Pois, conforme *Goethe* (1749-1832), citado por *Freud,* em seu célebre *O Mal Estar na Civilização: "nada é mais difícil de suportar que uma sucessão de dias belos".*

Sensações de prazer, de qualquer forma que se dão, devem ser *efêmeras*, já *prescritas* pela *natureza*, apesar de seu *desejo sem limites* assombrado por *forças pulsionais mortíferas* em busca de seu *derradeiro final.*

Será que só a sua *morte* pode barrar o seu *desejo infindável* de prazer a todo custo e custe o que custar?

Será que você se dá conta disso?

Embora tente-se manter *limpinha* e *cheirosa*, foi *cagada* pela *natureza, Maria Mané*!

E agora? Como se *parir* e *parir* alguma *coisa* que não seja tão *fétida* quanto você?

Qual *alternativa* lhe resta, se é que possa existir alguma?

Conforme já foi dito acima, existem várias *opções* para o seu uso e consumo, do *menu terrestre* aos *mandamentos extraterrestres ...*

Entrementes, diante dessa forma *estática* de ver e pensar a *existência, à la Parmênides*, faz-se necessário um pouco mais de *Heráclito* no *menu*, nem que seja um pouquinho do seu *tempero picante* para se tentar algum *movimento* que possa *desconsertar* a sua *mesmice gozosa* cotidiana.

Eu disse *desconsertar* e não *salvar* o *estático*, mantenedor da *ordem* plena estabelecida pela *história, naturalizando a realidade e dessubjetivando os corpos* com o império do imaginário. História, narrativa essa da qual somos tentados a nos tornar seus *escravos objetais* e *abjetais*.

É preciso sim, *cultivar nosso jardim*, conforme dissera *Voltaire* (1694-1778) – em sua belíssima obra, *Cândido ou o Otimismo*. Desde que o *jardim* seja permanentemente criado e recriado, *violentado* pelo *devir*.

Que as *fezes* se tornem verdadeiros *adubos* geradores e *paridores* (neologismo) de *vida nova*.

A beleza *estática* das flores é efêmera, assim como você, as flores também murcham, morrem e se transformam. Portanto, é preciso *morrer* em vida para *gerar* e *si gerar* de novo, sempre.

Querer ficar agarrado ao *imóvel* é perder o *móvel*, pois o *estático* se esgota em seu próprio instante em que se pretende *eterno*.

Assim, só o *movimento é eterno*. O *estático é a morte*.

Nesta direção, só você pode criar o seu próprio *menu diferencial*. O seu *cardápio* deve ser *parido* pelo seu *desejo*, aquilo que há de mais *secreto* em você, embora você saiba muito pouco dele, pois tem preferido o *cardápio* ofertado pelos outros do quais você se tornou *refém alimentar, devorado* pelo capricho do *sabor* e do *paladar alheio,* muitas vezes *ácido* e *amargo* demais.

Não vislumbrei nada até hoje como uma *alternativa às fezes* que não a *subversiva* e contundente Psicanálise. Mas somente aquela que possa *desmontar* os *significantes estáticos* nos quais você esteja agarrado, preso sem se dar conta disso.

O *sujeito* precisa deslizar em sua *cadeia semiótica* e *significante* para a *composição* de sua própria *música*, embora a sua *canção* possa não agradar o outro. Aliás, o que é muito comum, assim como o seu *sabor* preferido talvez não agrade a mais ninguém senão a você mesmo.

Cada um deve ter o seu próprio *cardápio*, se for possível e até onde for possível, ele pode ser *compartilhado* em determinados momentos, noutros parcialmente, noutros mais, jamais.

Mas nem todos nós *cagados* podemos suportar a nossa própria *subversão*, propulsora de novas possibilidades. Muitas vezes certos padrões de pensar e agir estão tão arraigados, estacionados em certos *nomes*, *coisas* e *lugares* que a *angústia* suscitada pela possibilidade radical de *mudança*, pelo *movimento* instalado por uma *Psicanálise* (análise) bem conduzida, desperta intensos *mecanismos de defesa*, fazendo-o abandonar o *barco* nas *novas águas* que começam a *pingar*, posto que a *torneira* fora aberta...

Definitivamente, *parir-se* não é para quaisquer *fezes*.

Mas, mesmo assim, não desista, no campo das *alternativas às fezes*, existem outras opções ditas terapêuticas. Você pode se tornar um bom *cagado* bom.

Não lhe faltarão outras diversidades oferecidas pelo *cardápio sociocultural estático adaptador*, basta seguir a receita dos *mestres*. Cada qual do *suposto gosto do cliente*, ou melhor, do gosto do *maitre nutricional*.

Atualmente, um dos últimos *lançamentos* é a *psicoterapia comportamental-cognitiva* que propõe uma *mudança* nas suas *ideias* aprendidas e apreendidas de forma estereotipada e que se tornaram *crenças* cotidianas *patológicas*, geradoras de comportamentos *indesejáveis*.

Seria a tentativa de *controlar a incontrolável pulsão inconsciente* via a sua *domesticação, normatização, adestramento* e *adaptação do ego* à *realidade externa* para mudar a *realidade interna*. Portanto, um *campo do conhecimento* diametralmente oposto ao campo do *inconsciente* inaugurado pela *ética do desejo* do *sujeito* e não a *ética* do desejo do *mestre* (aqui também *maitre*).

Existem também outras formas *artificiais de domínio instantâneo* do *desejo pulsional* pelos *mestres zens* e *humanistas*, tornando o *processo relacional* dito *terapêutico* numa espécie de *auto-ajuda assistida*. Fugaz e efêmera...

Não obstante, o que se percebe hoje em dia, é a captura do lugar do *mestre* (aquele que sabe o que é *melhor* para todos) pelo discurso do *capitalismo*.

Portanto, a ética em voga é a *ética do capital* e seus mais *fascistas* e *selvagens adereços* forjados e impressos em seu grande *cardápio universal da felicidade.*

É a *naturalização* da *realidade social e subjetiva* que *coisifica* o *humano enquanto* objeto *morto,* tão somente *reprodutor da ideologia* engendrada no *tecido social.* Tudo e todos devem ser mercadorias substituíveis e descartadas, *cagadas.*

Não há lugar para a singularidade do *desejo.* Tudo aquilo que você deve *desejar* deve estar no *menu capitalista.* O seu *íntimo* deve ser homogeneizado e globalizado.

As ideias e os comportamentos que afetem a *mística material do capitalismo* devem ser *mudados, adaptados e integrados* à sua realidade. Quem estiver fora do circuito *capitalista* é um *indesejável.* Não é à toa que as ditas *psicoterapias comportamentais-cognitivas* foram produzidas pelo *Tio Sam!*

Não obstante, cumpre ressaltar aqui que se você deseja mesmo ser um *cagão exemplar, bem adaptado* à *realidade natural imposta,* as ditas *psicoterapias cowboy* são uma ótima opção. Você seguirá *limpinho e cheiroso,* sem as *impurezas mais secretas de seu desejo singular.* Poderá ter um *lindo sepulcro* também *lindinho, limpinho e cheirosinho.*

Decida *antes de morrer.*

Por fim, quanto à *Psicanálise,* mesmo que você encontre por aí um *analista responsável* pelo *inconsciente*, isso não significa que você tenha *cura*, no sentido de se *livrar* totalmente de *si mesmo*, algo da ordem do *impossível*, mas tão somente conviver *consigo mesmo* de forma menos *doída* (ou *doida*). Você é o seu *sintoma* e o seu *sintoma* poderá ser você, silenciosamente...

Entretanto, *não existe garantia alguma*. Talvez seja melhor nem tentar, pois muitas vezes as *fezes* não *podem* ou não *desejam* se tornar *adubos*, muito menos *parir* o *novo*. Entendendo o *novo* como *movimento* constante de *si mesmo*, consequentemente do *outro relacional que habita você*. Portanto, *ruptura* e *superação*...

Então, a *salvação* não existe. Logo, desnecessária.

Assim, ser-se *fezes* já é o suficiente...

FIM

"(...) Daqui para a frente, resta diante de nós apenas o nada. Mas não esqueçamos de que aquilo que se revolta contra um tal aniquilamento, isto é, a nossa natureza, é apenas o querer-viver, esse querer-viver que nós próprios somos e que constitui o nosso universo. – Mas desviemos o nosso olhar da nossa própria indigência e do horizonte fechado que nos encerra; consideremos aqueles que se elevaram acima do mundo e em quem a vontade, chegada à mais alta consciência de si mesma, se reconheceu em tudo que existe, para se negar, em seguida, a si mesma livremente:

agora já só esperam uma coisa, ver a última marca dessa vontade aniquilar-se com o próprio corpo que ela anima; então, em vez da impulsão e da evolução sem fim, em vez da passagem eterna do desejo ao receio, da alegria à dor, em vez da esperança nunca farta, nunca extinta, que transforma a vida do homem, enquanto a vontade o anima, num verdadeiro sonho, nós percebemos essa paz mais preciosa que todos os bens da razão, esse oceano de quietude, esse repouso profundo da alma, essa serenidade inquebrável, de que Rafael e Correggio nos mostraram nas suas figuras apenas o reflexo. É na verdade a boa nova, desvendada da maneira mais completa, mais certa. Já só existe o conhecimento, a vontade dissipou-se. Sentimos uma profunda e dolorosa melancolia quando comparamos este estado ao nosso, visto que esta comparação evidencia o que existe de miserável e desesperado na nossa condição. No entanto, esta contemplação é a única coisa que nos pode consolar de uma maneira durável, uma vez que reconhecemos que o fenômeno da Vontade, o universo, é apenas dor irremediável e miséria infinita, e que, por outro lado, vemos o mundo dissipar-se com a vontade, só o nada subsistir diante de nós. (...)

(...) Nós, nós vamos audaciosamente até o fim. Para aqueles a quem a Vontade ainda anima, aquilo que resta, após a supressão total da Vontade, é efetivamente o nada. Mas, ao contrário, para aqueles que se converteram e aboliram a Vontade, é o nosso mundo atual, este mundo tão real com todos os seus sóis e todas as

suas vias lácteas, que é o nada.[48] ".

SCHOPENHAUER, Arthur – O mundo como vontade e representação, Editora Contraponto, 5ª Reimpressão, Rio de Janeiro (RJ), 2014, p. 432.

O *fim* é inevitável, mesmo que se sucumba no meio do caminho.

Chega-se ao final seja de que forma for, talvez até antes de começar qualquer caminho.

A vida nada mais é do que uma morte anunciada em seu próprio nascimento.

Morto antes de nascer, nascido para morrer. A morte é o derradeiro ponto final da vida, portanto, essencial para o *grande texto*. Pontua-se o fim e se desaparece em seu seu último ato, último ponto.

Quem sabe seja a *morte* a verdadeira *ferida narcísica* do ser humano, intransponível diante de todas as outras?

Perceba, antes de nascer em *algum lugar*, você já existia, porém *morto*. Não há motive para temer a *morte*, você já foi *ela*, antes de seu *nascimento*.

De *desaparecido, aparecido a desaparecer*, eis a *vida...*

Assim como este *livreto* que se vai *esgotando*, em busca de seu ponto final, a vida caminha *ciclicamente* para a morte de *onde se partiu* (ou se *pariu*). E, não cabem aqui *misticismos onipotentes* de quaisquer formas que sejam, nem *retorno a vidas passadas*, muito menos *espiritismos alucinatórios*.

É fim mesmo. *Calma*!!! É *preciso*, embora possa se querer *impreciso*.

Para que *enigmas extravidas*...? Se você não consegue *decifrar* nem a *si mesmo*?

Pretende-se *demais* e *eterno extramundo*.

Se assim fosse possível, você é um grande masoquista onipotente.

Quer continuar viver e conviver com o insuportável da existência?

Não lhe basta o *agora*, com eventuais e pequenos momentos efêmeros de *glória, paz* e *descargas de tensões*?

A morte é um grande descanso, conforme nos diz o *senso comum*. Ela é a eliminação completa de todas as descargas, de todas as fontes de tensão, de acordo com *grandes pensadores*.

É somente nela que você conseguirá o que tanto busca...

Morto você não mais precisará de sua obstinada busca de objetos de seu *menu* para descarregar os seus *estímulos excessivos*. E, de quebra, você ficará livre desse seu corpo decadente, sempre em *vias de decomposição*.

Agradeça, pois você nem sentirá o seu *odor*, deixe esse seu *cheiro fedorento* para a *natureza que te pariu.*

Talvez *o grande erro* que todos nós incorremos seja aquele de onde partimos.

Se se afirma que a *vida é isso ou aquilo*, a única *dialética* possível, então, é em decorrência de *isso ou aquilo.*

Se são dados *mamãe e papai* como o único ponto de partida para qualquer sujeito se constituir, ele fazerá o seu caminho a partir daí, entre um e outro, em um ou em outro...

É preciso mais *significantes* para se *deslizar* ...

O grande problema é se *ser* apenas *deslizamentos* de alguns *significantes* que supostamente inauguraram o *sujeito*, como querem os *psicanalistas ditos lacanianos*. Assim sendo, o *real do sujeito* só pode ser vislumbrado nas *fendas significantes*, entre os *significantes*, nos *restos de linguagem.*

Isso é muito, mas é muito pouco! Se o *sujeito* é fora da *cadeia simbólica*, aquela que não o diz nem o captura, os *significantes* não servem para nada.

Os *esquizoanalistas* melhoram isso, nos deram outras *possibilidades de partida* que não apenas *mamãe*, *papai* e *significantes*. Eles vislumbraram outras *bases construtivas* e possibilitaram assim outras *linhas de fuga...*

Se se parte apenas de *A* e *B* e se busca algo além disso de *A* e *B*, possivelmente não se encontrará nada além de *A* e *B*.

Aliás, necessário se faz sai do *alfabeto*, de toda as *linguagens* e de quaisquer cadeias significantes nas quais estejamos aprisionados para encontrar algo no final senão apenas aquilo de onde se partiu. É preciso encontrar *o diferente*, *o nada*, que não deixa de ser *você mesmo*, descascado de todos e de tudo.

Apenas se *sendo nada* talvez possa *se ser* aquilo que *se é*.

Afora isso, tudo são *adereços* e *colagens* da *linguagem*. É do *nada* que se pode *ser*: *nada*.

Melhor dizendo, pois não me é permitido aqui comunicar o que pretendo sem a *linguagem*, mas o *nada* ao qual me refiro não é o *significante nada*, é apenas o *nada mesmo*, completamente *vazio*.

Neste sentido, os *lacanianos* talvez *concordem,* ao elaborar e teorizar a dita *topologia nodal,* que diga-se de passagem, são verdadeiros *nódulos* dos quais também é preciso se desvencilhar.

Assim, o *nada* é um novo tipo de *sublime*, *nada* mais. Aqui, pretende-se uma *ruptura* radical com os signos linguísticos e com os significantes ao invés de tão somente deslizamentos metafóricos e metonímicos, mas um desprovimento absoluto de quaisquer *vestes* que impossibilitem a nudez do *real*.

Consequentemente, as dialéticas em seus sentidos tradicionais devem ser banidas enquanto possibilidades criativas de novos arranjos. A textura da linguagem deve ser preterida a um *novo real*.

Aproveitando-me do texto de *Oscar Calavia Sáez* (professor adjunto do Departamento de Antropologia da Universidade Federal de Santa Catarina (UFSC) e pesquisador do CNPq. – *A Produção Indígena de Conceitos* – sobre o livro de *Eduardo Viveiros de Castro* – *Metafísicas Canibais*, Cosac Naify, cito:

"(...). O autor Eduardo Viveiros de Castro denuncia uma inclinação narcisista da nossa cultura, que o pensamento pós-colonial, longe de interromper, tem levado ao seu máximo vigor: a todo pensamento "outro" cabe ser uma versão precária ou uma projeção do pensamento do Ocidente.

Sem tal narcisismo, seria possível reconhecer que os "outros" trazem a esse pensamento elementos que não estão na sua tradição, ou que só aparecem nela quando as ideias dos outros os ativam (...)

(...) é uma filosofia do devir com seus sujeitos (e os hábitos desses sujeitos) dentro. Em contraste com a tradição do Velho Mundo que pensa mediante similitudes e generalizações, e cujas metáforas estão tomadas da consanguinidade (da paternidade como modelo da produção à fraternidade como modelo do social), a dos "selvagens" toma como paradigma o outro (um inimigo) e a "alteração". O resultado é uma versão perspectivista e

desunificada disso que nós chamamos "a grande cadeia do ser (...)

(...) Uma metafísica canibal é uma metafísica que deixa de lado as constantes e as invariantes e foca a diferença e a produção da diferença. As sínteses que nela interessam são as que criam e multiplicam: sínteses disjuntivas – um termo que, como muitas outras inspirações do livro, procede da filosofia de Gilles Deleuze, não em vão eivada de leituras etnológicas (...)

(...) Veja-se, por exemplo, a mudança de ênfase da semântica para a pragmática, do combinatório para o fractal ou diferencial. Talvez não haja melhor ilustração dessa afinidade do que as descobertas recentes a respeito da troca de informação genética entre micro-organismos: uma troca, ou uma captura à margem da reprodução, que altera os seus protagonistas e revela uma agência inesperada em níveis do ser muito longe do humano – quem sabe o velho animismo de volta, agora pela porta da biologia.

Falar de multiplicidade e horizontalidade *e recusar totalidades e hierarquias leva o argumento para a política, pois a ordem hegemônica está baseada numa ontologia unitária, que define objetivos comuns, necessidades universais. Metafísicas canibais reivindica aquele Manifesto antropofágico da vanguarda de 22, designando para a antropologia uma tarefa de "descolonização permanente do pensamento": afirmar perspectivas outras – múltiplas, portanto – contra essas figuras do Todo expressas nas ideologias totalitárias, mas de um modo quiçá mais efetivo no credo global (...)* ".

Portanto, na construção do *saber* e do *conhecimento* acerca do outro e das coisas, há uma *contaminação* nas suas produções, onde prevalece o *narcisismo tradicional herdado* pelos *significantes históricos do poder dominante*, ou que se assim pretende. Uma verdadeira *cegueira especular* que não resgata a *diferença* em seus *discursos*. Parte-se, literalmente, de pressupostos já *arraigados e homogeneizados* nas suas construções acerca do mundo. Um tipo de *historicismo danino* reprodutor que possibilita apenas dialéticas do igual que nada mais fazem do que voltar para o mesmo lugar do espelho inaugural.

Objetos diferentes da imagem são apenas fantasmas arrepiantes que devem ser *não-alucinados*.

Todavia, é na *alucinação* criativa que talvez se possa fugir das *fossas óticas*.

Diante disso, o que se deve propor, é, sobretudo, o vislumbramento de *disjunções* que se desatrelem da mesmice e do enfadonho império mortal da linguagem, forjada pela debilidade narcísica decadente global. Que seja permitido, contrapor-se, abrir-se às disjunções que captem também, e eminentemente, o *nada diferencial* para *reconfigurações criativas de vidas*.

Retornando às palavras ditas no *preâmbulo* deste capítulo, pelo filósofo alemão, *Arthur Schopenhauer* (1788-1860), o *nada* que se anuncia, não se trata de *uma lápide sepulcral do homem*.

Ao contrário, é o *desprendimento de si mesmo*, das *suas coisas* e, eminentemente, de seu próprio *desejo de objeto* e da *vontade*, banindo a vontade como representação.

Tratar-se-á de uma *dessubjetivação*, de uma *destituição,* enquanto ainda restar um *quantum* de *desejo* e de *vontade*.

Não digo a *morte* do *Desejo* nem da *Vontade*, mas de um *tropeço reconfigurador* sem *exclusividades objetais*.

Todavia, o seu *euzinho narcisista* quer *ser e ter objetos-coisas in vitro*.

Você não se contenta nem com aquilo que os brilhantes *fenomenólogos* lhe ofereceram, qual seja, *a supremacia de sua racionalidade consciente intencional* que tenta abolir a *dicotomia sujeito e mundo, dentro e fora, sujeito e objeto*. Tudo passa a ser um único *fenômeno* no qual participam ativamente *sujeito e objeto*. *Sujeito-objeto* é o fenômeno existencial.

Assim, tudo se esgota no *fenômeno* no qual você se integra. E se desintegra...

O *mundo e você*, nessa leitura, é a *mesma coisa*. Literalmente, o *mundo* é a sua *interpretação*, ou melhor, o *mundo* é a sua *intenção*. A *vida* é a sua *consciência intencional*.

No entanto, você se esquece que a nossa *civilização*, na qual você faz parte, assim como *eu* e os *outros* mais de *7.000.000.000* (*sete bilhões*) de habitantes, também somos todos *consciências intencionais* como quer *a fenomenologia, sujeitos do desejo inconsciente* como quer *a psicanálise, zens* como quer *o budismo, crenças* como quer *a psicologia cognitiva, comportamentos* como quer *o behaviorismo...*

Mercadorias objetais descartáveis como quer *o capitalismo, cobaias* como querem *as ciências, servos e rebanhos* como querem *as religiões...*

Todos esses *saberes e poderes* lutando para se impor, inclusive você com o seu *euzinho* importante que sempre tem *a melhor visão, interpretação* e *leitura de tudo.*

Aquilo que existe de *bem* e de *mal,* você é a causa, dentro de sua pequena fatia coadjuvante. Não importa.

O *novo* deve ser a *morte da dialética.* Somos portadores de todo o mal e o todo o bem do mundo, entretanto, sem adjetivá-los a partir de *maniqueísmos morais* como *categorias universais.*

Na verdade, o que temos não é a *dicotomia moral* entre o *bem* e o *mal,* mas *junções* e *disjunções. O* que há são *pulsações indefinidas sensíveis* que devem ser *esvaziadas* de *sentidos plenos, restos* clamando para se *nadificarem* apenas como *forças propulsoras* de *novas criações* e *linhas de fuga* de todos os *espelhos...*

A *agressividade* e a *violência,* assim como o *sublime* e o *belo* são atributos e gestos que *não podem* e *não devem* vir senão *de si mesmo*. Pois, parafraseando um certo filósofo francês, *Jean-Paul Sartre* (1905-1980): *'quando você escolhe algo para você, você o está escolhendo também para toda a humanidade'*.

As suas *ideias* e os *seus atos decorrentes* possibilitam assim uma *ética* desejável não só para si mesmo como para os outros humanoides.

Se você for *cruel* e *vingativo*, você também estará *autorizando* os outros também a sê-los.

Você é apenas *um* em uma *civilização* de *múltiplos um*.

Os *dados devem ser lançados* novamente, melhor sem *Sartres, sem a moral kantiana* nem *a imoral sadiana*...

Chega de muitos outros que, sabe se lá ao certo, de onde partiram e *pariram* as suas ideias?

A velha *ave de minerva* de *Hegel* ainda não voou, pois o *entardecer* ainda não chegou...

E, o *Zaratustra* de *Nietzsche,* não está mais na *montanha*, nem na cidade

Todo *pensamento* é fatidicamente *doentio*. Livre-se deles.

Volte ao *pó* e dele se faça.

Desumanize-se como o fizeram. *Torne-se nada*, absolutamente *nada...*

Ele não deixa de ser aquele *conjunto vazio* de todas as coisas que não foram realizadas.

O *nada* está *grávido* de vida...

Por fim, *quem é você?*

Descubra antes de morrer.

O *aroma* pode mudar ...

SOBRE O AUTOR

Brasileiro, itaunense (MG), psicólogo, poeta, atleticano-mg, escritor, socialista e anarquista zen...

Especialista em *Psicologia Clínica* pelo *CFP – Brasil.*

Casado, pai de um filho.

Há 14 anos reside e trabalha na cidade de *Brumadinho (MG).*

Autor dos livros: *O olhar de um instante – Matéria, Sujeito e Representação, 2015 e Pipilar de um pardal – Escritos, pela CreateSpace Amazon.*

E-mail: cvppsi43@outlook.com

Telefone: 55-31-3134-0002